Kulananda

Buddhismus auf einen Blick

Kulananda ist ein westlicher buddhistischer Lehrer. 1977 wurde er in den von Sangharakshita 1968 begründeten *Westlichen Buddhistischen Orden* aufgenommen (heute *Buddhistischer Orden Triratna*). Dort hat er mittlerweile eine führende Funktion inne. Er ist als Dharma-Lehrer, Autor und als Sprecher dieses Ordens tätig. Sein besonderes Anliegen ist es, Rahmenbedingungen zu schaffen, in denen Menschen aus dem Westen möglichst effektiv Buddhismus praktizieren können.

KULANANDA

BUDDHISMUS AUF EINEN BLICK

LEHRE, METHODEN UND ENTWICKLUNG

Bibliografische Informationen der Deutschen Nationalbibliothek:
Die Deutsche Nationalbibliothek verzeichnet diese Publikation in der Deutschen
Nationalbibliografie; detaillierte bibliografische Daten sind im Internet über
www.dnb.de abrufbar.

Erstmals veröffentlicht von
Thorsons, einem Verlagszweig von HarperColinsPublishers Ltd.
unter dem Titel:
Principles of Buddhism. London 1996.
© Kulananda 1996
Der Autor beansprucht das moralische Recht, als Autor dieser Arbeit
kenntlich gemacht zu werden.

Übersetzung: Michael Koulen
Lektorat: Sabine Konrad
Umschlaggestaltung: Marlene Eltschig
Umschlagfotos: R. Strange, John Wang, Marlene Eltschig (3x), Jeremy Hoare
(vom Buchrücken links bis vorne rechts)

Einzige deutsche autorisierte Übersetzung
© 2014 Buddhawege e.V.
Alle Rechte vorbehalten

Herstellung und Verlag: BoD – Books on Demand, Norderstedt
ISBN 978-3-7357-5731-9

Für meine Eltern
Sydney und Edele Chaskalson

INHALT

DANK   7

EINFÜHRUNG   9

1. DER BUDDHA   13

2. DER DHARMA – DIE LEHRE   29

    Die Vier Edlen Wahrheiten   31
    Der Edle Achtfache Pfad   33
      Der Pfad der Schauung   35
      • Vollkommene Schauung   35
      • Die Drei Merkmale der bedingten Existenz   35
      Der Pfad der Wandlung   41
      • Vollkommene Emotion   41
      • Vollkommene Rede   42
      • Vollkommenes Tun   43
      • Vollkommener Lebenserwerb   45
      • Vollkommene Bemühung   46
      • Vollkommenes Gewahrsein   50
      • Vollkommener Samādhi   55

3. DER SANGHA – DIE SPIRITUELLE GEMEINSCHAFT   59

    Zufluchtnehmen   60
    Wachstum und Entfaltung des Sanghas   65
    Die Entfaltung der spirituellen Schätze des Ārya-Sanghas   69
    Weitere Entwicklungen des Sanghas   71
    Frauen im Buddhismus   72
    Spirituelle Freundschaft   74

4. BUDDHISTISCHE ETHIK 79

Karma 79

Wiedergeburt 82

Die Fünf Vorsätze 84

5. MEDITATION 93

Samatha 94

Die Vergegenwärtigung des Atems 96

Die Dhyānas 98

Die Mettā-Bhāvanā 100

Vipassanā 102

Die Sechs-Elemente-Praktik 103

Visualisierungsübungen 105

Formlose Meditationen 106

Hingabe und Ritual 107

6. DIE VERBREITUNG UND ENTWICKLUNG DES BUDDHISMUS 111

Buddhismus heute 113

Buddhismus im Westen 121

ANMERKUNGEN 133

BEGRIFFSERLÄUTERUNGEN 135

Dank

Dieses Buch schöpft aus vielen Quellen. Es enthält nichts, das von mir allein stammt. Ich habe mich nicht gescheut, auf die Schriften und Vorträge meines Lehrers Sangharakshita (sprich: ssánga-rákschita) sowie meiner Freunde zurückzugreifen. Insbesondere Andrew Skiltons *Concise History of Buddhism*, Vessantaras *Das weise Herz der Buddhas* sowie Anthony Matthews' *Meditation, der buddhistische Weg zu Glück und Erkenntnis* haben mir sehr geholfen; ebenso hilfreich fand ich Stephen Batchelors *The Awakening of the West*.

Ohne die Schriften und Arbeiten meines Lehrers Sangharakshita hätte ich nichts Wesentliches zu sagen. Falls dem vorliegenden Buch hier irgendein Verdienst zukommt, habe ich es ihm zu verdanken. Es sind Gedanken aus all seinen Büchern eingeflossen, insbesondere aus *Die Drei Kleinode, Sehen, wie die Dinge sind, A Guide to the Buddhist Path* und *The Ten Pillars of Buddhism*.

Sangharakshita, Kamalashila (Anthony Matthews) und Nagabodhi haben das Manuskript gelesen und hilfreiche Anmerkungen gemacht. Vishvapani hat manche meiner Aufgaben übernommen, um mir Zeit zum Schreiben zu geben. Ihnen allen möchte ich danken.

Einführung

Mehr als die Hälfte der Weltbevölkerung lebt in Ländern, die stark von buddhistischen Ideen und Übungsformen beeinflusst wurden. Doch seit der Zeit des Buddha – ein halbes Jahrtausend vor der Entstehung des Christentums – bis zur Mitte des 20. Jahrhunderts waren für die meisten Menschen im Westen diese Ideen praktisch unbekannt. Um die Mitte des 20. Jahrhunderts begann sich dies jedoch zu ändern, und der Buddhismus gehört heute sogar zu den Religionen mit dem schnellsten Wachstum.

In einer Zeit, in der uns bloß zwischen den wachsenden Anforderungen der Konsumgesellschaft und Religionsformen, die unsere Gutgläubigkeit auf eine harte Probe stellen, zu wählen bleibt, wenden sich immer mehr Menschen dem Buddhismus zu. Sie sehen ihn als eine Möglichkeit, jene menschlichen und spirituellen Werte zu entdecken, die unserer heutigen Welt so sehr fehlen.

Doch was ist der Buddhismus? Wir sind daran gewöhnt, Religion mit einem Glauben an Gott zu verbinden – ganz gleich, in welcher Gestalt wir ihn uns vorstellen. Doch im Buddhismus gibt es keinen Gott. Handelt es sich hier also bloß um eine Philosophie, eine besondere Art von Weltsicht oder eine bestimmte Methode, um ein ethischeres Leben zu führen? Oder ist der Buddhismus gar eine Art von Psychotherapie, eine Methode, die uns dabei helfen soll, mit uns selbst und den ständigen Widrigkeiten des Lebens klarzukommen? Der Buddhismus enthält von all diesen Elementen etwas und ist zugleich auch sehr viel mehr.

Der Buddhismus fordert uns dazu auf, unsere üblichen Vorstellungen von Religion zu überdenken. Er hat mit Wahrheiten zu tun, die über das bloß Rationale weit hinausgehen, und entfaltet eine transzendente Schau der Wirklichkeit, die all unsere normalen Denkkategorien übersteigt. Der buddhistische Weg ist eine Art von spirituellem Training, das im Lauf der Zeit zu einer direkten und persönlichen Einsicht in diese transzendente Schau führt.

Wir alle besitzen die Fähigkeit, klarer, weiser, glücklicher und freier zu werden, als wir es gegenwärtig sind. Wir können direkt bis ins Herz der Wirklichkeit vordringen und die Dinge erkennen, wie sie *wirklich* sind. Die Lehren und Methoden des Buddhismus haben letztlich nur ein Ziel: uns zu befähigen, dieses Potential vollständig in uns selbst zu verwirklichen.

Im Lauf seiner langen Entwicklungsgeschichte verbreitete sich der Buddhismus in allen Ländern Asiens. In jedem neuen Land führte die Wechselbeziehung der ursprünglichen lokalen Kulturen mit den Lehren des Buddha zu tiefgreifenden Veränderungen auf beiden Seiten. Häufig löste der Buddhismus eine kulturelle „Renaissance" aus. In manchen Fällen, beispielsweise in Tibet, war er überhaupt erst der Wegbereiter für Kultur. Doch im Zuge seiner Verbreitung veränderte sich auch der Buddhismus und passte sich den örtlichen kulturellen Gegebenheiten an. So gibt es heute die verschiedenen Formen des Buddhismus von Sri Lanka, Thailand, Burma, Vietnam, Kambodscha, Laos, Tibet, China, der Mongolei, Russland und Japan – und innerhalb dieser Formen existiert wiederum eine verwirrende Vielfalt von Schulen, Sekten und Sub-Sekten. Doch was ist in diesem Formenreichtum das eigentlich Buddhistische? Was haben all die verschiedenen Ansätze gemein?

In erster Linie ist es der gemeinsame Ursprung. Bei all diesen Formen handelt es sich um Äste, Blätter und Blüten, die aus dem Stamm des frühen indischen Buddhismus gewachsen sind. Sie alle berufen sich auf den Buddha, und sie alle akzeptieren und verkünden die ursprünglichen Lehren des Buddha – wenn auch mit deutlich unterschiedlichen Schwerpunkten.

Um die Grundlagen des Buddhismus zu verstehen, muss man daher so weit wie möglich zum historischen Buddha zurückgehen. Dazu betrachtet man die frühesten Texte und versucht herauszufinden, was sie uns heute noch zu sagen haben. Damit sollen spätere Entwicklungen jedoch nicht zurückgewiesen werden. Der westliche Buddhismus tritt ja das Erbe der gesamten buddhistischen Tradition an. Elemente des japanischen Soto-Zen können wir ebenso sehr verehren, achten und praktisch anwenden wie Übungsformen des tibetischen Vajrayāna oder des thailändischen Theravāda. Um jedoch die Tradition *als Ganze* verstehen zu können, müssen wir zu ihren Wurzeln zurückkehren.

Die meisten grundlegenden Lehren dieses Buchs gehen auf den frühen indischen Buddhismus zurück. Ich hoffe daher, dass damit das, worüber Buddhisten unterschiedlicher Traditionen verschiedener Meinung sein können, auf ein Minimum beschränkt bleibt. Aus demselben Grund habe ich mich dort, wo die Einführung von buddhistischen Fachbegriffen notwendig war, generell an die frühindischen kanonischen Sprachen gehalten und mich je nach Kontext für Worte aus dem Pali oder Sanskrit entschieden.*

Mit diesem Buch verfolge ich vor allem die Absicht, die Leser an die ganze Breite der buddhistischen Tradition heranzuführen, und zwar, indem ich einige ihrer wesentlichsten (und somit am weitest verbreiteten) Elemente herausstelle. Ebenso möchte ich zeigen, dass den grundlegenden Lehren des Buddhismus eine Bedeutung zukommt, welche über ihre historischen Ursprünge hinausreicht. Vor allem hoffe ich, dass einige Leser dazu ermutigt werden, diese Lehren selbst auszuprobieren. Bücher können sehr nützlich sein, doch wenn man

---

* Die frühesten buddhistischen Texte wurden auf Pali und Sanskrit niedergeschrieben, wobei die Pali-Texte die älteren sind.

wirklich wissen möchte, worum es im Buddhismus geht, muss
man ihn praktisch erproben. Selbst der talentierteste Schrift-
steller kann nicht den wirklichen Geschmack einer Orange
beschreiben; ebenso wenig kann ein Buch je die Essenz buddhistischer Praxis vermitteln.

„So wie der große Ozean nur einen Geschmack hat, den
Geschmack des Salzes", sagte der Buddha, „ebenso haben
meine Lehren nur einen Geschmack – den Geschmack der
Freiheit."

Die meisten Fachbegriffe sind in dieser Ausgabe in der gängigen
wissenschaftlichen Umschrift klein und kursiv gesetzt. Namen sind
weitgehend an die deutsche Aussprache angepasst (im letzten Kapitel
wurde die englische Schreibweise der vielen asiatischen Namen
beibehalten). Wo erforderlich, geben wir nach dem jeweiligen Wort in
Klammern einen Aussprachehinweis. Zur besseren Orientierung sind
viele altindische Worte mit Betonungszeichen versehen (z. B. á).
Manchmal ist das aus technischen Gründen nicht möglich, da das
betonte Zeichen einen die Länge des Vokals anzeigenden Querstrich
trägt. Die Betonung stimmt in diesen Fällen mit dem langen Vokal
überein.
Am Ende des Buchs haben wir zum Nachschlagen die häufigsten und
wichtigsten Fachbegriffe zusammengestellt. Hier wird dann zu
jedem Wort die in Fachkreisen oder sonst in englischsprachigen Ländern übliche Umschrift angegeben. Anm. d. Hg.

1. Der Buddha

„Buddha" ist kein Name, sondern ein Titel und bedeutet „der Erwachte" – erwacht im Hinblick auf die höchste Wirklichkeit, auf die Tatsache, wie die Dinge *wirklich* sind. Man wird zu einem Buddha, indem man Erleuchtung erlangt – einen Zustand transzendenter Einsicht in die wahre Natur der Wirklichkeit. In der Geschichte des Buddhismus hat es viele erleuchtete Menschen gegeben, doch wird der Titel „Buddha" normalerweise nur für einen bestimmten Erleuchteten verwendet, nämlich für Siddhártha Gáutama, den Begründer der buddhistischen Religion, den ersten Menschen unseres Zeitalters, der den Weg zur Erleuchtung gegangen ist.

Siddhártha wurde etwa um das Jahr 485 vor unserer Zeitrechnung in Lumbini geboren. Lumbini lag nahe bei der Stadt Kapilavastu in einer Region unterhalb der Ausläufer des Himalaja, dem heutigen Grenzgebiet zwischen Nepal und Indien. Es war eine Zeit großer politischer Umwälzungen. Etwas südlicher, im zentralen Ganges-Becken entstanden mächtige neue Königreiche, die sich allmählich die älteren, stammesregierten Republiken einverleibten. Einige Republiken konnten noch standhalten, und in einer davon, dem Reich der Schakjer, wurde Siddhártha Gáutama geboren.

Siddhárthas Familie gehörte zur Kaste der Krieger, und sein Vater war ein Mitglied der herrschenden Schicht. Spätere Überlieferungen, die nur noch die Monarchien kannten, die bald darauf die ehemaligen Republiken eroberten, betitelten Siddhártha als „Prinzen" und seinen Vater Schuddhódana als „König". Wie auch immer seine korrekte Bezeichnung war, wir wissen, dass Schuddhódana reich und mächtig gewesen ist und dass der junge Siddhártha ein privilegiertes Leben geführt hat.

Bei Siddhárthas Geburt verkündete ein Wahrsager, der Knabe würde entweder ein politisches oder ein spirituelles Reich anführen (der Name Siddhártha bedeutet „der sein Ziel erreichen wird"). Den Legenden zufolge wünschte der Vater des hübschen, begabten Knaben, dass er das Leben eines politischen und nicht eines spirituellen Führers führen sollte. Also versuchte er, ihn an die Vorzüge von Reichtum und Macht zu binden, indem er ihn mit jedem verfügbaren Luxus verwöhnte und ihn von den unangenehmen Tatsachen der Welt abschirmte. Er arrangierte Siddhárthas Heirat mit einer schönen, vornehmen und gebildeten jungen Frau namens Yáschodhára, die ihm einen Sohn mit Namen Ráhula schenkte.

Doch in Siddhártha wuchs allmählich ein nagendes Gefühl von Unzufriedenheit. Er spürte, wie hohl sein an der Oberfläche angenehmes Leben war, und er konnte dieses Gefühl nicht länger unterdrücken. Aufgrund der ihm eigenen Integrität konnte er nicht so tun, als sei alles in Ordnung. Ihm drängten sich intellektuelle und spirituelle Fragen auf, für die es in seiner privilegierten Umgebung keine Antworten gab. Diese Zeit des Erforschens und Fragens ist sehr plastisch in der Geschichte von den so genannten Vier Ausfahrten beschrieben, vier Erlebnissen, die dem jungen Krieger bei Fahrten mit seinem Wagen widerfuhren und die einen entscheidenden Einfluss auf ihn ausübten.

Der Legende nach erblickte er eines Tages am Straßenrand zum ersten Mal in seinem Leben einen alten Mann und erkannte erstmals die Unausweichlichkeit des Alterns. In ähnlicher Weise wurde er danach mit Krankheit und Tod konfrontiert. Diese Erlebnisse überwältigten ihn völlig. Was machte ein Leben voller Vergnügen und Luxus für einen Sinn, wenn im Hintergrund Alter, Krankheit und Tod darauf lauerten, bis sie auch ihn, seine Familie und seine Freunde ergreifen konnten?

Schließlich sah Siddhártha einen umherziehenden Bettel-mönch, durch dessen Anblick er zu ahnen begann, dass es viel-leicht eine Alternative gab, als Alter, Krankheit und Tod passiv hinzunehmen. Aber er erkannte gleichzeitig, dass er einige radikale, sogar schmerzhafte Schritte unternehmen müsste, wollte er sich auf die Suche nach dieser Alternative machen.

So verbrachte Siddhártha seine jungen Jahre: ruhelos, von zutiefst existentiellen Fragen geplagt, hin und her gerissen zwischen dem Leben, das seine Familie für ihn vorgesehen hatte und der religiösen Suche, zu der sein rastloser Geist ihn antrieb. Nachdem er Alter, Krankheit und Tod als unaus-weichlich erkannt hatte, riefen die Vergnügungen und Unter-nehmungen der Schakjer-Oberschicht nur quälende Leere in ihm hervor. Die Familientradition verlangte, dass er „mit-machte", dass er sein Gefühl der Nichtigkeit all dessen über-wand und sich um seine Aufgaben als Krieger und in der Regierung kümmerte. Doch wenn er ganz ehrlich zu sich war, wusste er tief in seinem Herzen, dass ein Leben, das die grundlegendsten Wahrheiten ignorierte, nichts für ihn war. Er stand nun vor der Wahl zwischen zwei gleichermaßen schwierigen Alternativen. Er konnte seine Augen vor der Realität verschließen, oder auf Familie, Luxus und Macht ver-zichten.

Er entschied sich für die Suche nach der Realität und schlich sich im Alter von 29 Jahren, ohne dass seine Frau und sein Vater es gewusst oder gar gebilligt hätten, heimlich aus dem Haus und ließ Frau, Kind, Familie und sozialen Status hinter sich. Er schor sich Haare und Bart ab, tauschte seine Kriegertracht gegen das Lumpengewand eines Bettelmönchs und begann seine Suche nach Wahrheit und Befreiung.

Es war eine unruhige Zeit. Rivalisierende Könige trach-teten danach, ihre Reiche zu vergrößern, und brachten all-mählich die ursprünglich familien- und stammesorientierte Gesellschaftsordnung unter ihre Kontrolle. Die alte vedische Religion mit ihrer brahmanischen Priesterschaft geriet mehr und mehr ins Fahrwasser dieser zentralisierten Regierungen, und so entstand eine neue Gruppe von Religionsausübenden. Dies waren die Wanderasketen, die, unzufrieden mit den herrschenden Sitten und den leeren Ritualen der etablierten Religion, ihr Zuhause und ihre soziale Stellung aufgaben, um nach Belieben umherzuwandern, von Almosen zu leben und die spirituelle Befreiung zu suchen. Siddhártha wurde solch ein „Wanderer".

Er besuchte die berühmtesten spirituellen Lehrer seiner Zeit, die er jeweils schon bald in ihren spirituellen Einsichten übertraf. Er sah, dass selbst die erhabensten Geisteshöhen, in die sie ihn führten, ihm nicht die Antworten gaben, nach denen er suchte. So verließ er einen Lehrer nach dem anderen und setzte seine Suche allein fort.

Es war damals ein weit verbreiteter Glaube, dass man zur Befreiung des Geistes das Gefängnis des fleischlichen Körpers schwächen müsste. Also übte Siddhártha sich während der folgenden sechs Jahre in einigen extrem strengen Formen religiöser Kasteiung. Er trug keine Kleider, wusch sich nicht und verbrachte immer längere Zeiten ohne Essen und Schlaf.

> … *meine Glieder wurden wie dürres Rohr; wie ein Kamelhuf wurde mein Gesäß, mein Rückgrat wie eine Kugelkette, meine Rippen wie Dachsparren eines alten Hauses. Wie Wassersterne tief unten in einem Brunnen, so erschienen meine Augensterne tief versunken in meinen Augenhöhlen. Wie ein aufgeschnittener Kürbis in heißer Sonne, so schrumpfte meine Kopfhaut zusammen. Wenn ich meinen Bauch anfühlen wollte, berührte ich mein Rückgrat, und wenn ich das Rückgrat anfühlen wollte, berührte ich die Bauchhaut. … Wenn ich mit der Hand die Glieder rieb, fielen die wurzelfaulen Haare ab.*[1]

Er erlangte großen Ruhm für die Intensität seiner asketischen Praxis. „Wie der Klang einer Glocke" verbreitete sich dieser Ruhm in Nordindien und brachte ihm eine richtige Anhängerschaft. Doch das stellte ihn immer noch nicht zufrieden. Sechs

Jahre nachdem er sein Zuhause verlassen hatte, war er der Lösung der grundlegenden Fragen der Existenz kein bisschen näher gekommen. Siddhárta erkannte, dass seine Entbehrungen ihn nirgendwohin gebracht hatten. Trotz seines großen Namens und hervorragenden Rufs als heiliger Asket hatte er den Mut, auch diesen Weg aufzugeben. Er begann wieder mäßig zu essen, woraufhin ihn seine Schüler, empört und entsetzt über seinen Rückfall, verließen.

Jetzt war er völlig auf sich gestellt. Familie, Stamm, Ansehen, Anhänger – er hatte alles hinter sich gelassen. Sämtliche Versuche, den Schleier der Unwissenheit zu durchdringen, waren gescheitert. Er war verzweifelt und wusste nicht, was er nun tun sollte. Nur eins wusste er genau: Er würde seine Suche nicht aufgeben.

Da fiel ihm ein früheres Erlebnis wieder ein. Als Junge hatte er einmal im Schatten eines Rosenapfelbaums gesessen und seinem Vater beim Pflügen zugesehen. Entspannt vom langsamen, stetigen Rhythmus der beiden Ochsen und zufrieden im kühlen Schatten sitzend, war er spontan in einen konzentrierten meditativen Zustand hinübergeglitten. Könnte dies der Weg zur Erleuchtung sein?

Der Legende nach setzte sich Siddhárta in diesem Zustand akuten, existenziellen Alleinseins mit gleichwohl unerschütterlicher Entschlossenheit unter einen Baum und erklärte:

Mein Fleisch möge welken und mein Blut vertrocknen,
doch ich werde diesen Sitz nicht eher verlassen, bis ich
Erleuchtung erlangt habe!

Viele Tage und Nächte lang saß er dort in tiefer Meditation. Die Legenden schildern lebhaft den existenziellen Kampf, den Siddhárta damals durchmachte. Dabei begegnete er Mara, dem Bösen – der archetypischen Verkörperung all dessen, was zwischen uns und der Wahrheit steht. Als er Siddhárta so entschlossen in tiefer Meditation sitzen sah, bekam es Mara mit der Angst zu tun:

*Er hatte seine drei Söhne – Zerstreuung, Frohsinn und
Dünkel – bei sich sowie seine Töchter – Unzufriedenheit,
Verzückung und Lust. Sie fragten ihn, weshalb er so beun-
ruhigt war. Er antwortete ihnen mit den Worten: „Seht diesen Weisen da, bekleidet mit der Rüstung der Entschlossenheit, mit Wahrhaftigkeit und spiritueller Tugend als seinen
Waffen, die Pfeile seines Intellekts bereit zum Schuss!
Er hat sich dort mit der festen Absicht niedergelassen,
mein Reich zu erobern. Kein Wunder, dass ich mir Sorgen
mache! Falls er mich erfolgreich überwinden und der Welt
den Weg zum endgültigen Glück zeigen sollte, wäre mein
Reich vernichtet. Doch noch hat er nicht das vollständige
Wissen erlangt. Noch befindet er sich in meinem Einfluss-
bereich. Solange noch Zeit dazu ist, will ich seinen feier-
lichen Vorsatz brechen und mich auf ihn werfen wie ein
reißender Fluss gegen die Uferböschung!"
Doch Mara konnte gegen den künftigen Buddha nichts
ausrichten. Samt seiner Armee wurde er besiegt und sie
flohen in alle Richtungen: ihr Jubel verstummte, ihre
Anstrengungen brachten kein Ergebnis, ihre Felsbrocken
und Baumstämme lagen überall verstreut. Sie glichen einer
feindlichen Armee, deren Anführer im Kampf geschlagen
worden war. Besiegt, rannte Mara mit seiner Gefolgschaft
davon. Der große Seher, befreit vom Staub der Leiden-
schaft, siegreich über die bedrückenden Mächte der
Dunkelheit, hatte ihn überwunden.*[2]

Siddhártha saß ruhig unter dem Baum und gestattete seinem
Geist, Stille zu finden. Nach und nach begannen die verschiedenen Strömungen seines Geistes zusammenzufließen. Seine
Konzentration nahm stetig zu. Je gesammelter Siddhárthas
Geist wurde, desto klarer und leuchtender wurde er. Siddhártha ließ diesen Prozess durch nichts stören oder behindern,
sondern erlaubte ihm sich zu entfalten und an Kraft zu gewinnen. Immer weiter und immer tiefer versenkte sich sein Geist
in die Meditation, bis er so klar wie ein funkelnder Diamant
war und immer heller strahlte. Siddhártha erfüllte dabei ein

Gefühl tiefer Freude, das ihn jedoch nicht abzulenken vermochte. Er ließ auch diese Freude los und erreichte so Bewusstseinszustände von immer tieferem Gleichmut.

Allmählich begann das leuchtende Strahlen seines konzentrierten Geistes auch seine Vergangenheit zu erhellen. Siddhártha konnte sich an alle Einzelheiten bis hin zu seiner frühesten Kindheit erinnern. Und dann, plötzlich, konnte er sogar noch weiter zurückblicken, und frühere Leben tauchten in seinem Gedächtnis auf. Während seine Konzentration sich mehr und mehr vertiefte, konnte er immer weiter zurückschauen, und er sah, wie ein endloser Strom vergangener Leben in unaufhörlicher Folge vor seinem inneren Auge vorüberzog. Hier war er geboren worden, mit diesem Namen, hatte auf diese Art gelebt, war in diesem Alter gestorben und an jenem Ort wieder auf die Welt gekommen – immer und immer wieder. Er sah jedes seiner Leben mit all ihren Einzelheiten, weiter und weiter, in einem nie endenden Rhythmus. Geburt, Altern, Krankheit und Tod; Geburt, Altern, Krankheit und Tod – ein Kreislauf ohne Ende.

Dann fielen die Begrenzungen, die ihn von anderen getrennt hatten, von ihm ab, und er sah die Leben zahlloser anderer Wesen vor sich, ihre Mühen, ihre Erfolge und ihr Scheitern, und erlebte den unausweichlichen Rhythmus ihres Lebens: Geburt und Tod, Geburt und Tod, Geburt und Tod – den zeitlosen Pulsschlag der leidenden Menschheit.

Allmählich konnte Siddhártha in diesem nicht endenden Fluss von Veränderung ein Muster erkennen. Diejenigen, deren Leben von Freundlichkeit und Großzügigkeit geprägt war, wurden unter glücklichen Umständen wiedergeboren; wer sich von Gier und Hass hatte leiten lassen, kam unausweichlich unter leidhaften Bedingungen wieder auf die Welt. Indem er Leben um Leben betrachtete, entdeckte er, dass er die Folgen menschlicher Handlungen vorhersagen konnte. Wer anderen zu Glück verhalf, brachte auch für sich selbst glückliche Umstände hervor; wer Leiden und Trennung verursachte, fand sich allein in einer feindlichen Welt wieder. Dies war so offensichtlich, und doch konnten die Menschen es nicht erkennen, weil sie zu sehr mit ihren kleinen Alltagssorgen beschäftigt waren.

Nach und nach erkannte Siddhártha jeden einzelnen Schritt in diesem endlosen Prozess von Geburt und Tod. Geburt und Tod waren die Folge von Begehren. Ihr verzweifeltes Verlangen nach Existenz führte die Wesen in einem endlosen Kreislauf des Leidens von einem Leben ins nächste. Wenn das Begehren aufhörte, hörten auch Geburt, Tod und Leiden auf. Nachdem Siddhártha den Zusammenhang zwischen Begehren und Leiden so direkt erkannt hatte, konnte er nicht mehr zu dem falschen Glauben zurückkehren, dass Begehren auf irgendeine Weise zu Glück führen könnte. Diese Einsicht veränderte seine gesamte Existenz von Grund auf. Jeglicher Rest von Begehren erstarb in ihm. Geburt und Tod lösten sich auf. Die begrenzte menschliche Persönlichkeit „Siddhártha" fiel einfach von ihm ab. Nichts weiter als völlige, leuchtende Klarheit blieb zurück: vollkommenes Verstehen, grenzenlose Freiheit und uneingeschränkte Kreativität.

In dieser Vollmondnacht im Mai während der letzten Nachtwache brach endlich die vollkommene Erleuchtung an. Siddhártha Gáutama wurde zum Buddha.

Wie das sanfte Lächeln eines Mädchens erleuchtete der
Mond den Himmel, und süß duftende, mit Nektar gefüllte
Blüten regnete es von oben auf die Erde herab.[3]

Siddhártha verbrachte mehrere Wochen damit, diese tiefgreifenden Erfahrungen zu verarbeiten. Er überlegte einige Zeit, ob er diese so subtile Entdeckung der Erleuchtung anderen mitteilen sollte oder nicht. Zur Erleuchtung zu gelangen erforderte Stille und hohe Konzentration. Doch die Menschen waren in ihren kleinlichen Wünschen verfangen, mit Geldverdienen und Geldausgeben beschäftigt, hingen an Familie, Freunden, Reichtum und Ansehen.

Aber dann, so berichtet die Legende, erschien ein himmlisches Wesen und flehte ihn an, sein Wissen weiterzugeben. Denn es gäbe doch einige Wesen auf dieser Welt, deren Augen mit „nur wenig Staub" bedeckt wären und die ohne seine Lehren zugrunde gingen.

Mit seinem visionären Auge sah der Buddha alle Wesen dieser Welt. Sie erschienen ihm wie ein weites Feld von Lotosblüten. Einige Blüten steckten noch tief im Schlamm, andere hatten ihre Köpfe bis zur Wasseroberfläche erhoben, und wieder andere ragten bereits deutlich über das Wasser hinaus. Obwohl sie mit ihren Wurzeln im Schlamm steckten, strebten sie aufwärts zum Licht. Es gab also tatsächlich Wesen, die verstehen würden, was er zu sagen hatte. Und so beschloss der Buddha zu lehren.

Er verließ den Ort, der heute als Bodh-Gaya bekannt ist, und wanderte etwa hundert Meilen nach Sarnath, nahe der uralten Stadt Varanasi (Benares), wo sich einige seiner früheren Schüler in einem mit Rehen bevölkerten Wildpark aufhielten. Als er sich näherte, warfen sie sich abschätzige Blicke zu: Hier kam der Versager Gáutama, der frühere Eremit. Was wollte *der* denn? Sie hatten jedenfalls nicht vor, ihm irgendwelchen Respekt zu erweisen. Doch als der Buddha näherkam, wurden sie von seinem ruhigen, strahlenden Wesen so überwältigt, dass sie nicht anders konnten, als sich vor ihm zu verbeugen.

Diese Männer waren nicht leicht zu beeindrucken. Gestählt durch die harten Jahre der Askese, gestandene Experten in der spirituellen Suche, waren sie überzeugt, dass sie inzwischen alles gehört hatten. Doch der Buddha schien sich dem Leben von einer völlig neuen Dimension her zu nähern. Er wirkte auf unerklärliche Weise verändert. Sie setzten sich also zusammen, um zu diskutieren. Es war eine heftige, unverblümte Debatte, die direkt auf das Herz der Dinge zielte. Ihre Gespräche dauerten tagelang. Hin und wieder ging jemand fort, um für sich und die anderen um Almosen zu betteln, und

kehrte dann wieder zum „Kampfplatz" zurück. Die innere
Gewissheit und das Selbstvertrauen des Buddha waren absolut. Er hatte den hilfreichen Mittleren Weg zur Erleuchtung
gefunden, einen Pfad, der zwischen den Extremen von Hedo-
nismus und Askese, von Nihilismus und Eternalismus ver-
läuft.

Endlich schaffte der Asket Káundinya den Durchbruch.
Er erkannte, worauf der Buddha hinauswollte, und dies keineswegs nur intellektuell, denn er machte dieselbe Art von Erfahrung, die der Buddha unter jenem Baum in Bodh-Gaya
gemacht hatte. Sein Anhaften an die eigene begrenzte Persönlichkeit fiel von ihm ab, und auch er war jetzt frei von den
Fesseln des Begehrens.

Die Freude des Buddha war groß. „Káundinya hat verstanden!", rief er aus, „Káundinya hat verstanden!" Was er erkannt
hatte, konnte also tatsächlich mitgeteilt werden. Wenn Káundinya es verstehen konnte, dann konnten andere es auch. Die
Menschen würden also von seinen Lehren profitieren. Im Lauf
der nächsten Tage erlangten auch die übrigen Asketen Erleuchtung. Dann kam ein junger Mann namens Yása vorbei. Er
begann mit dem Buddha ein Gespräch und ließ sich von der
Wahrheit der Lehren überzeugen. Danach brachte er seine
Familie und seine Freunde mit, damit sie die Lehren ebenfalls
hörten. So entstand allmählich eine neue spirituelle Gemeinschaft – ein *sangha* (sprich: ssángha). Schon bald gab es 60 Erleuchtete, und der Buddha sandte sie aus, um „zum Wohl und
für das Glück der vielen und aus Mitgefühl für die Welt" zu
lehren.

Während der folgenden 45 Jahre wanderte der Buddha in
Nordindien umher, manchmal allein, manchmal in Begleitung
von Mitgliedern der wachsenden Gemeinschaft, die sich um
ihn bildete. Er wanderte und lehrte. Könige, Hofdamen, Stra-
ßenkehrer und Familienväter, die unterschiedlichsten Menschen kamen, um seine Lehren zu hören. Was er lehrte, war der
dharma.

Dharma ist ein Sanskrit-Begriff mit komplexer Bedeutung (sein Äquivalent in Pali, der anderen Hauptsprache der altindischen buddhistischen Texte, lautet *dhamma*). Er heißt so viel wie „Gesetz", „Weg" oder „Wahrheit". Hier bedeutet er die Gesamtheit aller Lehren und Praktiken, die einen zur Erleuchtung führen. Im Lauf der Zeit wurde der Dharma, den der Buddha gelehrt hatte, systematisiert. Mehrere hundert Jahre lang in rein mündlicher Überlieferung weitergegeben (der Buddha, wie die meisten seiner Zeitgenossen, konnte vermutlich weder lesen noch schreiben), wurde er schließlich zur Grundlage einer ungeheuer umfangreichen schriftlichen Überlieferung. Doch am Anfang gab es nur den Buddha, der durch das Land zog und versuchte anderen zu helfen, die Dinge klarer zu sehen. Zum Wohl aller Lebewesen ließ er andere freizügig an seiner Weisheit teilhaben, damit sie die gleichen transzendenten Einsichten erlangen konnten wie er selbst.

Im Lauf seines weiteren Lebens verbreitete sich sein Ruhm als Lehrer in ganz Nordindien, über eine Region von 130.000 Quadratkilometer hinweg, die sieben verschiedene Nationen einschloss. Man nannte ihn Schákjamúni – „den Weisen aus dem Schakja-Klan" –, und das allgemeine Interesse an seiner Lehre war groß. Mit etwa 35 Jahren erleuchtet, lebte er bis ungefähr zu seinem 80. Lebensjahr und widmete diese verbleibenden 45 Jahre der Lehrtätigkeit. Abgesehen von der Regenzeit, wenn er und seine Anhänger sich zur intensiven Meditation zurückzogen, wanderte er die ganze Zeit auf heißen und staubigen Straßen durch Dörfer und Städte. Er lebte von Almosen, nahm nur das, was ihm freiwillig angeboten wurde, und sprach zu allen, die hören wollten, was er zu sagen hatte, ganz gleich, welchem Geschlecht, welcher Kaste, welchem Beruf oder welcher Religion sie angehörten. Zu seinen Anhängern zählten zwei der mächtigsten Könige der Region, Angehörige der meisten führenden Familien der Republiken und einige der reichsten Kaufleute. Auf seinen Wanderungen kam er in engen persönlichen Kontakt mit Wanderasketen, Bauern, Handwerkern, Händlern und Räubern. Menschen aller Kasten strömten in seine Gemeinschaft (Sangha), wo sie ihre trennende Zugehörigkeit zu Kaste und Klasse ablegten und einfach zu „Anhängern des Buddha" wurden.

Wenn immer möglich, versuchte der Buddha den Menschen zu helfen, die Dinge so zu sehen, wie sie *wirklich* sind, indem er auf jede Situation mit der ganzen Tiefe seiner Weisheit und seines Mitgefühls einging. Eines Tages kam zum Beispiel eine Frau namens Kísa Gótami zu ihm. Sie war untröstlich, weil ihr Kind gestorben war. Sie hielt ihr totes Baby fest vor der Brust umklammert und suchte verzweifelt nach einer Medizin, die ihr Kind wieder lebendig machen würde. „Ich bitte dich, gib mir eine Medizin für mein Kind!", jammerte sie und hielt ihm den kleinen Leichnam hin.

„Gern", antwortete der Buddha, „aber dazu musst du mir ein Senfkorn bringen." – Ein Senfkorn! Wie einfach! – „Aber", ergänzte der Buddha, „es muss aus einem Haus stammen, in dem niemand gestorben ist."

Kísa Gótami stürmte los, um dieses Senfkorn zu erbitten. Sie eilte von Haus zu Haus. Die Menschen hätten ihr gerne geholfen, doch jedesmal, wenn sie fragte: „Ist jemand in diesem Haus gestorben?", erhielt sie die gleiche Antwort. „Leider ja. Tote gibt es viele, Lebende nur wenige."

Kísa Gótami war völlig außer sich. Wo sollte sie das Senfkorn finden, das sie so dringend brauchte? Während sie von Haus zu Haus lief, begann ihr allmählich die Wahrheit zu dämmern. Der Tod kommt zu allen. Man kann ihm nicht entkommen. Sie ging zum Buddha zurück und legte ihr totes Kind vor ihn hin. „Ich weiß jetzt, dass ich mit diesem großen Schmerz nicht allein bin. Der Tod kommt zu allen."

Kísa Gótami schloss sich dem Sangha an und erlangte nach einiger Zeit Erleuchtung.

Ein anderes Mal wanderte der Buddha durch eine Gegend, die von einem Banditen namens Ángulimála – „Finger-Kette" –

terrorisiert wurde. Er hatte die grauenvolle Angewohnheit, seinen Opfern, nachdem er sie getötet hatte, einen Finger abzuschneiden. Diesen reihte er, wie schon die Finger seiner früheren Opfer, auf eine Schnur auf, die er um seinen Hals trug. Er hatte sich vorgenommen 100 solcher Finger zu sammeln. 98 hatte er bereits zusammen und war nun so darauf versessen, sein Ziel zu erreichen, dass er schon überlegte, seine alte Mutter zu töten, die bei ihm lebte und ihn versorgte.

Als der Buddha in die Gegend kam, wo Ángulimála sein Unwesen trieb, baten ihn die völlig verängstigten Dorfbewohner, auf keinen Fall weiterzugehen, da dies sehr gefährlich wäre. Doch der Buddha hörte nicht auf ihre Bitten und machte sich, ohne ein Wort zu sagen, so ruhig und wachsam wie immer, mit stetem Schritt auf den Weg.

Ángulimála sah, wie sich jemand näherte. „Wer wagt es da, so ruhig und gefasst in mein Gebiet einzudringen?" Normalerweise versuchten die Leute, sich zu verstecken oder ängstlich vorbeizuhasten. „Schön. Hier kommt Finger Nummer 99!" Er ergriff sein Schwert und begann, den Buddha zu verfolgen. Doch wie schnell er auch rannte, er konnte den Buddha, der seinen normalen ruhigen Schritt beibehielt, nicht einholen. Darüber war Ángulimála so sehr verwundert, dass er ihm nachrief: „He, Mönch, bleib stehen!" Der Buddha wandte sich um: „Ich stehe schon, Ángulimála. Bleib auch du stehen." – „Wie kannst du so lügen? Und du willst ein Heiliger sein!", brüllte Ángulimála beleidigt. „Ich kann dich nicht einholen, obwohl ich so schnell laufe, wie es geht. Wie kannst du da behaupten, dass du still stehst?" – „Ich stehe still, denn ich stehe im Nirvāṇa", antwortete der Buddha. „Und du bewegst dich, weil du eine Runde nach der anderen auf dem Rad der Wiedergeburt drehst."

Ángulimála war von der Ruhe und dem Mitgefühl des Buddha so berührt, dass er der Gewalt abschwor und darum bat, sein Anhänger werden zu dürfen. Er trat in den Sangha ein und machte rasch große Fortschritte.

Eines Tages wurde der Buddha von einem König besucht. Sie begannen ein Gespräch, und es kam die Frage auf, wer von ihnen der Glücklichere sei – der König oder der Buddha. „Natürlich bin ich glücklicher", sagte der König, „denn ich besitze Paläste, Frauen, Höflinge, Schätze, Armeen, Pferde und Elefanten. Ich habe Macht und Ruhm – einfach alles, was ich mir wünsche. Und was hast du? Eine Robe, eine Bettelschale und einige schmuddelige Anhänger ..." – „Sage mir", fragte der Buddha, „könntest du hier eine Stunde lang völlig wach sitzen und nichts tun und nur dein Glück genießen?" – „Äh ... ich glaube schon", erwiderte der König. „Und könntest du hier sechs Stunden lang sitzen, ohne dich zu bewegen, und dabei völlig glücklich sein?" – „Hm, das könnte ziemlich schwierig werden", sagte der König. „Und könntest du hier einen ganzen Tag und eine ganze Nacht lang sitzen, ohne dich zu bewegen, und die ganze Zeit über vollkommen glücklich sein?" Der König gab zu, dass dies seine Kräfte übersteigen würde. „Ich aber kann hier sieben Tage und sieben Nächte lang sitzen ohne mich zu regen und dabei die ganze Zeit vollständiges Glück genießen", sagte der Buddha. „Deshalb glaube ich, dass ich glücklicher bin als du."

So wuchs also die Gemeinschaft des Buddha, und der Dharma verbreitete sich in alle Richtungen. Doch der Buddha hatte kein Interesse daran, um einer großen Gefolgschaft willen Schüler um sich zu scharen. Noch wollte er, dass man ihm aus blindem Glauben folgte. Er wollte, dass man seine Lehren ausprobierte, in die Praxis umsetzte und auf diese Weise prüfte, ob sie einem wirklich halfen.

Einmal kam eine Gruppe junger Männer vom Stamm der Kalamer zu ihm. Sie waren verwirrt über die sich widersprechenden Behauptungen der verschiedenen spirituellen Lehrer jener Zeit. Was sollten sie denn da glauben? Der Buddha antwortete:

Geht, Kālāmer, nicht nach Hörensagen, nicht nach
Überlieferungen, nicht nach Tagesmeinungen, nicht nach

der Autorität heiliger Schriften, nicht nach bloßen
Vernunftgründen und logischen Schlüssen, nicht nach
erdachten Theorien und bevorzugten Meinungen, nicht
nach dem Eindruck persönlicher Vorzüge, nicht nach der
Autorität eines Meisters! Wenn ihr aber, Kālāmer, selber
erkennt: „Diese Dinge sind unheilsam, sind verwerflich,
werden von Verständigen getadelt, und, wenn ausgeführt
und unternommen, führen sie zu Unheil und Leiden",
dann, o Kālāmer, möget ihr sie aufgeben.[4]

Es stimmt, wir müssen auf Menschen hören, die verständiger oder weiser sind als wir selbst. Lehren müssen schließlich von irgendjemandem weitergegeben, und einige dieser Lehren „werden von Verständigen getadelt". Dennoch müssen wir alles, was wir hören, im Feuer unserer eigenen Übung und Erfahrung prüfen. Wenn eine Lehre Glück bringt und zu Gewinn führt, können wir sie annehmen. Führt sie zu Verlust und Leiden, sollten wir sie zurückweisen.

Im Alter von 80 Jahren war der Körper des Buddha schließlich verbraucht und von Schmerzen geplagt. Der Buddha begab sich auf eine letzte Wanderschaft, um allen Freunden und Anhängern eine letzte Möglichkeit zu geben, ihn zu befragen. Bis zum Schluss sorgte er sich nur um das Wohl der anderen. Als er schon auf seinem Totenbett lag, kam ein Wanderasket namens Súbhadra, um ihn zu sehen. Ánanda (sprich: Áananda), der engste Vertraute des Buddha, schickte ihn fort, weil er nicht wollte, dass der Buddha in diesem Augenblick gestört würde. Doch der Buddha bestand darauf, mit Súbhadra zu sprechen. Dieser war schon bald von der Wahrheit des Dharmas überzeugt und trat dem Sangha bei.

Dann fragte der Buddha, ob irgendjemand aus dem versammelten Sangha noch Zweifel oder Fragen hinsichtlich seiner Lehren hätte. Mit der für ihn typischen Aufmerksamkeit gab er denen, die sich schämten selbst zu fragen, die Möglichkeit, dies durch einen Freund zu tun. Die Antwort war ein beeindruckendes Schweigen aller Versammelten. Der Buddha hatte den Dharma vollkommen klar dargelegt. Als er dies sah, ermahnte er seine Schüler ein letztes Mal: „Alle von Bedingungen abhängigen Dinge sind vergänglich! Übt eifrig und mit Achtsamkeit!" Mit diesen Worten versenkte er sich in einen Zustand tiefer Meditation und verschied.

Der Buddha wurde während seiner gesamten Lehrtätigkeit von seinem Vetter und engen Freund Ánanda begleitet, dem man ein erstaunliches Erinnerungsvermögen nachsagte. Alle Lehren des buddhistischen Kanons werden ihm zugeschrieben, denn er konnte sich offenbar an sämtliche Situationen erinnern, in denen der Buddha gelehrt hatte. Diese gab er vor einem Konzil des Sanghas, das nach dem Tod des Buddha zusammengerufen wurde, vollständig wieder und schuf so die Grundlage für die mündliche Überlieferung, welche die Lehren bis zu ihrer Niederschrift, die erst einige hundert Jahre später erfolgte, bewahrte.

Seit 2500 Jahren haben die Lehren des Buddha zahllosen Menschen geholfen, die große Befreiung – „die Befreiung des Herzens" – zu erlangen. Im Wildpark von Sarnath hat der Buddha mit der Erleuchtung der Asketen, seiner ersten Anhänger, das Rad des Dharmas in Bewegung gesetzt. Seither ist es durch die Jahrhunderte gerollt, durch Indien und Sri Lanka, durch Burma, Thailand, Kambodscha, Laos, Nepal, Tibet, China, Vietnam, Korea und Japan. Millionen und Abermillionen von Menschen sind von seinen Lehren tief berührt worden. Wohin diese Lehren auch kamen, bewirkten sie tiefgreifende persönliche, gesellschaftliche und kulturelle Veränderungen.

Doch was genau ist der Dharma? Und welchen Nutzen können wir daraus ziehen – aus einer Sammlung von Lehren, die vor zweieinhalb Jahrtausenden in Indien verkündet wurden?

2. DER DHARMA – DIE LEHRE

Nach dem Tod des Buddha stellten seine Anhänger alle wichtigen Lehrreden zusammen. Mit der Zeit wurden sie in Verse gefasst, die sich gut im Gedächtnis behalten ließen. In dieser Form wurden sie von Generation zu Generation weitergegeben. Heute gehören sie zu den reichsten und eindrucksvollsten Zeugnissen mündlicher Überlieferung. Denn die Menge der auf diese Weise übermittelten „Literatur" war enorm. In ihrer mündlichen Tradierungsform mit den griechischen Epen Homers vergleichbar, war sie doch wesentlich umfangreicher und strukturierter als jene. Als man schließlich etwa im ersten Jahrhundert vor unserer Zeitrechnung mit der Niederschrift begann, hatte sie einen Umfang erreicht, der nach heutigem Empfinden mit einer kleinen Bibliothek vergleichbar war.

Auch nach seiner schriftlichen Niederlegung in Pali, Sanskrit und anderen damals in Indien gesprochenen Sprachen hörte der Dharma – die Lehre des Buddha – nicht auf, sich weiterzuentwickeln und an Umfang zuzunehmen. Neues Material wurde hinzugefügt, und es entstand allmählich ein riesiger Kanon mit Lehrreden und Gesprächen des Buddha, mit Geschichten, Parabeln, Gedichten und Analysen.

Der buddhistische Kanon umfasst eine gewaltige Menge an Texten, und ist daher auch nicht bequem in einer einzigen handlichen Bibel unterzubringen. In seiner Gesamtheit wird der Kanon traditionell als *Ti-Pitaka*, „Drei Körbe", bezeichnet; dies mag eine Erinnerung an Zeiten sein, in denen Schriftstücke auf solche Weise aufbewahrt wurden. Es gibt

den *Sutta-Pítaka*, die Sammlung von Lehrreden, die entweder
vom Buddha selbst oder einem seiner erleuchteten Schüler
stammen, den *Vínaya-Pítaka*, welcher Berichte über die Entwicklung des frühen Sanghas sowie den monastischen Verhaltenskodex enthält, und schließlich den *Ábhidhámma-*
Pítaka, eine Textsammlung buddhistischer Psychologie und
Philosophie.

Als sich die buddhistische Tradition in verschiedene
Strömungen aufspaltete, bewahrte jede ihre eigene Version des
Ti-Pítaka, zwischen denen es allerdings weitreichende Über-
einstimmungen gibt. Die Sanskrit-Versionen des Kanons sind
größtenteils verloren gegangen und existieren hauptsächlich
nur noch in chinesischer, japanischer und tibetischer Übersetzung, während der Pali-Kanon in der Sprache, in der er ursprünglich niedergeschrieben wurde, intakt erhalten geblieben
ist.

Im Lauf der Zeit sprossen aus dem „Baum" des Dharmas
neue „Äste" und „Zweige". Es kamen große erleuchtete Meister
hinzu, die die Tradition mit ihren eigenen Einsichten be-
reicherten. Neben der schriftlichen Tradition gibt es auch
mündliche Linien der Dharma-Übermittlung von Lehrer zu
Schüler, und sogar rein geistige Übertragungslinien, in denen
das Wesen der Realität ohne Vermittlung durch Texte oder
Liturgien in direkter Kommunikation „aufgezeigt" wird. Jede
Art der Übermittlung, die dazu führt, dass die Menschen dem
Verständnis der absoluten Wahrheit näher gebracht werden,
kann zur Weitergabe des Dharmas genutzt werden.

Eine der verbreitetsten Formen, den Dharma weiterzugeben wird, ist die Übermittlung mit Hilfe von „Listen", wovon
es im Buddhismus eine große Menge gibt. Zusammen genommen bilden alle diese Listen ein umfassendes Netz von Lehren
und Methoden und enthalten den gesamten Dharma. Für sich
betrachtet, enthält jede einzelne Liste die Samenkörner zur
Entwicklung aller anderen Listen, denn der Dharma ist wie ein
riesiges juwelengeschmücktes Netz, bei dem jedes einzelne

Juwel das Abbild aller anderen Juwelen in ihrer Vollkommenheit enthält und widerspiegelt.

Es würde zu weit gehen, all diese Listen hier aufzuzählen. Doch wollen wir zumindest einige nennen, und zwar diejenigen, die zusammen die 37 *bódhi-pákkhiyā-dhammā* bilden, die 37 „zur Erleuchtung gehörenden Eigenschaften oder Dinge". Es sind dies: die Vier Grundlagen der Achtsamkeit, die Vier Bemühungen, die Vier Grundlagen magischer Kraft, die Fünf spirituellen Fähigkeiten, die Fünf spirituellen Kräfte, die Sieben Erleuchtungsfaktoren und der Edle Achtfache Pfad. Dem Neuling mögen diese Listen recht undurchsichtig erscheinen, doch stellen sie spirituelle Lehren von unschätzbarem Wert dar.

Wohl am verbreitetsten sind davon die Lehren von den Vier Edlen Wahrheiten und vom Edlen Achtfachen Pfad. Sie bildeten den Hauptteil der ersten Lehrrede, die der Buddha nach seiner Erleuchtung hielt.

DIE VIER EDLEN WAHRHEITEN

Wie schon beschrieben, begab sich der Buddha auf die Suche nach Erleuchtung, weil ihn eine tiefe Unzufriedenheit erfüllte. Er hatte erkannt, mit welcher Unausweichlichkeit die Leiden von Alter, Krankheit und Tod jeden von uns heimsuchen, und er konnte einfach seine Augen nicht mehr davor verschließen und sich den schalen Ablenkungen hingeben, denen wir uns normalerweise widmen, um den nackten Tatsachen des Lebens nicht ins Gesicht sehen zu müssen.

Der Buddha hatte erkannt, dass eine universale Eigenschaft das Leben kennzeichnet: Es kann nie restlos befriedigend sein. Der Pali-Begriff für diese Qualität des Unbefriedigenden ist *dukkha*. Etymologisch hängt er mit der Vorstellung eines schlecht sitzenden Karrenrades zusammen, von etwas, das nicht rund läuft, das holprig und unbequem ist. Dieser

Begriff beschreibt, dass alles im Leben zumindest einen kleinen Makel hat. Es gibt Vergnügen und Schmerz, Gewinn und Verlust, Glück und Trauer. Doch unserem Leben fehlt etwas, das letztendlich und endgültig befriedigt. Wir bekommen eben niemals genau das, was wir uns wünschen. Dies, so sah es der Buddha, ist das grundlegende Dilemma unserer menschlichen Existenz.

Der Buddha näherte sich dem Problem von *dukkha*, indem er eine uralte Formel aus der klassischen indischen Medizin anwandte: Zuerst wird die Krankheit diagnostiziert, dann ihre Ursache festgestellt, es wird ein Heilverfahren ins Auge gefasst und schließlich eine Medizin verschrieben. Indem er diese Schritte auf das grundlegende Problem unserer menschlichen Existenz anwandte, kam der Buddha zu den Vier Edlen Wahrheiten.

Die Erste Edle Wahrheit erkennt das Problem: Es gibt *dukkha* – das Unbefriedigende. Weil wir nie zufrieden sind, rennen wir ständig neuen Erfahrungen hinterher. Immer wieder suchen wir Befriedigung in Dingen, die in sich unbefriedigend sind. Wie Hamster in ihrem Laufrad rennen wir Runde um Runde, ohne zu irgendeinem Ziel zu gelangen. Gewinn verwandelt sich in Verlust, Glück weicht Trauer. Es scheint so, als wären wir stets davon überzeugt, die endgültige, völlige Befriedigung warte gerade hinter der nächsten Straßenecke auf uns. „Wenn ich doch nur dieses tun oder jenes bekommen könnte, dann wäre alles in Ordnung und ich wäre endlich glücklich." Aber so ist die Wirklichkeit nie. Das Rad dreht sich einfach weiter.

Die Zweite Edle Wahrheit besagt, dass die Ursache von *dukkha* in unserem eigenen begehrlichen Verlangen zu suchen ist. Wir sind nie zufrieden, weil in uns eine tiefsitzende Neigung zu begehrlichem Verlangen wohnt. Ganz gleich, was wir bekommen, wie viel oder wie gut es ist, wir möchten stets noch mehr davon, oder wir wünschen uns etwas Anderes, oder wir wollen, dass etwas Bestimmtes aufhört.

Das Wechselspiel von Begehren und seinem Gegenstück, Ablehnung und Abneigung, bestimmen die Gestalt und Kontur unserer Persönlichkeit: „Ich bin jemand, der dieses oder jenes Auto fährt, in diesen oder jenen Geschäften einkauft, in der und der Gegend wohnt, diese bestimmte Kleidung trägt ... " Auf diese Weise schaffen wir unsere zerbrechliche Identität. Ihre Grundmauern sind nicht sehr stabil. Die Dinge ändern sich ständig. Das Leben geht weiter, und wir sind in dem gnadenlosen Prozess gefangen, uns ständig neu definieren zu müssen. „Ich mag dies, ich wünsche mir das; dies mag ich nicht, und jenes möchte ich nicht haben." So geht das immer weiter ohne Ende. Dies ist die menschliche Zwangslage im unerleuchteten Zustand – ein ewiges Unzufrieden-Sein, das von unserem Begehren angetrieben wird.

Die Dritte Edle Wahrheit besagt, dass mit dem Nachlassen des Begehrens auch die Unzufriedenheit zu Ende geht. Das ist es, was der Buddha in der Nacht seiner Erleuchtung erkannte. Nachdem er völlig klar gesehen hatte, wie unsere gesamte Existenz, der endlose Kreislauf von Geburt und Tod, von unersättlichem Verlangen angetrieben wird, konnte er nicht mehr so weiterleben, als ob Begehren irgendwann einmal zu der endgültigen Befriedigung führen würde, mit deren Verheißung es uns dauernd verführt. Die Fesseln des Begehrens fielen von ihm ab, und damit alles, was ihn gebunden und eingeengt hatte – er war frei.

Die Vierte Edle Wahrheit handelt davon, dass es einen Weg zur Beendigung unseres begehrlichen Verlangens gibt: den Edlen Achtfachen Pfad.

DER EDLE ACHTFACHE PFAD

Sämtliche acht Glieder oder Aspekte des Edlen Achtfachen Pfades beginnen im Pali-Original mit dem Attribut *sammā*. Es wird von den Übersetzern normalerweise mit „recht" wiedergegeben. Doch kann dies zu einem falschen Eindruck führen, so als ob es einen einfachen „richtigen" Weg gäbe, etwas zu tun, im Gegensatz zum „falschen" Weg, und dass man sich ganz leicht auf den „rechten" Pfad begeben könne, und die Sache sei erledigt. Doch der buddhistische Weg lässt sich nicht so einfach mit „richtig" und „falsch" bewerten. Vielmehr geht es um unsere persönliche Entwicklung, denn es handelt sich um einen Pfad der Übung, wo stets noch weitere Verbesserung möglich ist. Anstelle von „richtig" sollten wir daher den Begriff „vollkommen" verwenden.

Der Edle Achtfache Pfad besteht somit aus: Vollkommener Schauung, Vollkommener Emotion, Vollkommener Rede, Vollkommenem Tun, Vollkommenem Lebenserwerb, Vollkommener Bemühung, Vollkommenem Gewahrsein und Vollkommenem Samādhi.[5]

Der Pfad lässt sich nicht einfach in aufeinanderfolgen- den Schritten durchmessen. Es ist nicht so, dass man mit der Schauung beginnt, und dann der Reihe nach zu Emotion, Rede, Tun, Lebenserwerb usw. übergeht. Eher ist es so, dass man auf verschiedenen Ebenen an allen Aspekten gleichzeitig arbeitet. Doch gibt es verschiedene Möglichkeiten, die einzelnen Aspekte des Pfades in Gruppen zusammenzufassen. Eine der einfachsten Unterteilungen ist die in einen Pfad der Schauung und in einen Pfad der Wandlung.

Der Pfad der Schauung besteht aus nichts weiter als dem Element der Vollkommenen Schauung. Er beginnt dort, wo wir zum ersten Mal eine Ahnung davon bekommen, dass man sein Leben auch auf völlig andere Weise führen kann. Der Pfad der Wandlung umfasst die übrigen sieben Aspekte und liefert die Methoden, mit denen wir jede Facette unseres Seins solcherart neu ausrichten können, dass sie mit unserer ursprünglichen Schauung oder Einsicht in Einklang kommt.

Der Pfad der Schauung

Vollkommene Schauung

Das erste Aufscheinen von Vollkommener Schauung geschieht möglicherweise spontan. Vielleicht erhaschen wir in einem Augenblick der Inspiration eine Ahnung von der umfassenden Verbundenheit aller Lebewesen, oder wir erkennen in einer Zeit der Trauer die Sinnlosigkeit all unserer Bemühungen, Geld anzuhäufen und wieder auszugeben. Manche Menschen erfasst eine erste Ahnung von dieser Schauung, wenn sie jemandem begegnen, an dessen Art und Weise zu leben sie eine besondere Qualität wahrnehmen.

Bis zu einem bestimmten Grad verkörpern die großen Werke aus Kunst, Literatur, Philosophie und Religion diese Vollkommene Schauung – sofern sie überhaupt irgendeinen höheren Wert besitzen. Auf ihre Weise vermitteln sie nämlich etwas davon, wie die Dinge *wirklich* sind.

Im Verlauf seiner zweieinhalbtausendjährigen Geschichte hat der Buddhismus einen enormen Schatz an Lehren hervorgebracht, die von der absoluten Natur der Realität und den verschiedenen Methoden zu ihrer Erkenntnis handeln. Glücklicherweise müssen wir sie uns nicht alle aneignen. Wir brauchen nur das, was uns hilft, klarer zu sehen, wie die Dinge *wirklich* sind, und müssen uns dann dementsprechend verhalten. Eine dieser Lehren behandeln die Drei Merkmale der bedingten Existenz.

Die Drei Merkmale der bedingten Existenz

Der Buddha sprach immer wieder von zwei verschiedenen Seinsweisen: *saṃsāra* (sprich: ssangsáara) und *nirvāṇa*. *Saṃsāra* bezieht sich auf den endlosen Kreislauf von Geburt und Tod, den wir unaufhörlich durchlaufen. Dies ist der Zustand der Nicht-Erleuchtung. *Nirvāṇa* bezeichnet demgegenüber einen Zustand völliger Freiheit und grenzenloser spontaner Kreativität, der durch die vollständige Überwindung jeglichen Begehrens entsteht.

Es gehört zur Natur von *saṃsāra*, dass alles von Bedingungen abhängt. Wie wir sind, was wir denken, was wir fühlen: All dies entsteht in Abhängigkeit von bestimmten Bedingungen. Eltern, Schule, Nationalität und Rasse haben uns auf eine bestimmte Weise konditioniert. Außerdem lassen wir uns von dem beeinflussen, was wir in der Zeitung lesen, vom Wetter, von dem, was wir essen, und von den Menschen, mit denen wir Umgang haben. Unsere Einstellung ist oft ziemlich reaktiv, beinahe mechanisch. Auf einen bestimmten Reiz folgt eine vorhersagbare Reaktion. Die Sonne scheint, und wir fühlen uns gut; es regnet, und es geht uns schlecht.

Nirvāṇa, ein anderer Ausdruck für Erleuchtung, ist demgegenüber ein Zustand vollständiger, erlebter Einsicht in die bedingte Natur aller Erscheinungen. Der erleuchtete Geist erkennt die von Bedingungen abhängige Natur der Dinge und lässt sich von ihnen nicht versklaven. Deshalb ist der erleuchtete Geist vollkommen kreativ. Er ist in der Lage, ganz nach Wunsch jede beliebige Richtung einzuschlagen, und was auch immer er tut, ist von Freiheit, Frische und Spontaneität geprägt.

Die bedingte Existenz kennzeichnen drei Merkmale: Sie ist unbefriedigend, unbeständig und substanzlos.

In welcher Weise die von Bedingungen geprägte Existenz unbefriedigend ist, wurde bereits im Abschnitt über die Erste Edle Wahrheit – die Wahrheit von *dukkha* oder dem Unbefriedigenden – beschrieben.

Einer der Hauptgründe für das Unbefriedigende der bedingten Existenz liegt in der Tatsache, dass sie ihrem Wesen nach unbeständig ist. Nichts bleibt, wie es ist. Egal was wir wünschen, egal was wir bekommen, am Ende entgleitet alles unserem Zugriff. Alles verändert sich ständig. Das ist leicht gesagt, aber wie schwer ist es, dies wirklich zu begreifen. Ständig gehen wir mit bedingten Erscheinungen um, als ob sie dauerhaft wären, als ob unsere Freunde und unsere Familie immer da wären, unser Auto nie kaputt ginge und unser Lieblingspullover ewig hielte. Auf diese Weise verblendet, erleben wir *dukkha*.

Weil bedingte Erscheinungen ihrem Wesen nach unbeständig sind, sind sie außerdem substanzlos, d. h. ohne bleibende Substanz. Bisher haben wir uns vor allem auf die psychologische Dimension der bedingten Existenz konzentriert: Nichts ist beständig, und darum leiden wir. Die Idee der Substanzlosigkeit bringt uns nun zur metaphysischen Dimension der bedingten Existenz.

Nehmen Sie z. B. dieses Buch, das Sie gerade lesen. Es scheint ziemlich stabil – ein ganz normales Buch eben –, doch bedenken Sie die Bedingungen, die zu seiner Entstehung geführt haben. Denken Sie an das Holz, das möglicherweise irgendwo in Kanada oder Finnland gewachsen ist, bevor es zerkleinert, zu Papierbrei und schließlich zu Papier verarbeitet wurde. Denken Sie an das Sonnenlicht, das zum Wachstum der Bäume beigetragen hat, an die Waldarbeiter, die die Bäume gepflegt haben, und an die Speisen, die die Waldarbeiter essen mussten, um bei Kräften zu bleiben, an ihre Bekleidung und an die Maschinen, mit denen sie gearbeitet haben. Denken Sie an die verschiedenen Transporte, die bei diesem ganzen Prozess erforderlich waren. Und denken Sie dann auch an mich, der ich hier beim Schreiben mit Computer und Drucker sitze – an mein Essen und meine Kleidung, meinen Lehrer, ohne den ich nichts mitzuteilen hätte, an meine Eltern, ohne die ich nicht existieren würde, und all deren Eltern bis in die ferne Vergangenheit zurück. Denken Sie an die Mitarbeiter des Verlags, die Großhändler und die Buchhändler. Denken Sie an die Sprache, in der dieses Buch geschrieben wurde und deren unglaublich komplexe historische Entwicklung; und denken Sie auch an die Sprachen Pali, Sanskrit, Tibetisch, Chinesisch und Japanisch, die für die Verbreitung des Buddhismus von Bedeutung waren. Und schließlich muss man sich auch noch schriftlich ausdrücken können.

All dies sind wesentliche Bedingungen, die zuvor erfüllt sein mussten, damit das Buch, das Sie gerade lesen, zu dem werden konnte, was es ist. Wäre irgendeine Vorbedingung anders verlaufen, wäre auch dieses Buch ein anderes. Um genau zu sein, es gäbe dieses Buch überhaupt nicht. Denn es gibt keinen wesenseigenen Kern des Buchs, der irgendwie unabhängig von den zahllosen Bedingungen, die zu seiner Entstehung geführt haben, existiert. Bei alldem handelt es sich um das zeitweilige Zusammentreffen einer großen Bandbreite von Bedingungen. Und mit der Veränderung der Bedingungen verändert sich auch das Buch: es bekommt Gebrauchsspuren, wird schmutzig, oder vielleicht finden Sie es langweilig und werfen es weg. Ganz gleich, was dem Buch als nächstes zustößt, es wird nie aufhören, sich zu verändern. Schließlich landet es einmal auf der Müllkippe, im Kamin, oder es wird recycelt und zu Pappe verarbeitet. Es gibt nichts, an dem man sich festhalten könnte, um sagen zu können: „Das ist sein Kern, dieser Teil hier *ist* das Buch!" Denn wir könnten es einfach ins Feuer werfen, und es würde verschwinden. Es gibt keine feste, endgültige oder unwandelbare Wesenheit, die mit dem Buch gleichzusetzen wäre.

Wir nehmen die Bezeichnung „Buch", und wenden sie auf ein unbedeutendes, nur zeitweise im unendlichen Fluss der Bedingungen bestehendes Muster an. Eine Zeit lang können wir diese Bezeichnung völlig zutreffend benutzen, um zu beschreiben, in welcher Weise bestimmte Umstände zu einem Ergebnis geführt haben. Doch das ist auch schon alles. Es handelt sich dabei um eine bloße *Bezeichnung*, und wir dürfen nicht den Fehler begehen zu glauben, dass, weil wir solche Bezeichnungen auf bestimmte Muster anwenden können, es hinter diesen Bezeichnungen irgendwelche festen, substanziellen, unveränderlichen „Dinge" gäbe.

Weil alle Dinge in dieser Weise unbeständig und substanzlos sind, weil sie also ausschließlich von Bedingungen abhängen, kann man darauf einen wichtigen Mahāyāna-Begriff anwenden und sagen, sie sind „leer". Alle empirische Existenz

ist *śūnya* (sprich: schúunja), d. h. leer. Dinge entstehen und ver-
gehen – sie besitzen keine Realität an sich, und es gibt auch
keine Realität hinter den Dingen.

Trotzdem konstruieren wir für uns aus diesem sich ständig
wandelnden Fluss von Bedingungen die Illusion von Festigkeit
und weseneigener Getrenntheit. Wir teilen die Welt in Subjekte
und Objekte auf. Da ist ein „Ich", eine feste, klar umrissene,
unwandelbare Ich-Identität – und ein „Nicht-Ich", worunter
alles andere fällt. Sodann teilen wir die Welt weiter auf in
Dinge, die wir mögen, die wir unserer Ich-Identität einverleiben wollen, um uns das Gefühl von Sicherheit zu geben, und in
Dinge, die wir nicht mögen, die wir von unserer Ich-Identität
um jeden Preis fernhalten wollen, weil sie uns verunsichern.
Diese grundlegende Zweiheit von Subjekt und Objekt ist die
Quelle all unseres Leidens.

Indem wir versuchen, uns an diese sich ständig wandelnde,
im Fluss befindliche Welt zu klammern, indem wir dort nach
Sicherheit suchen, wo alles in sich unsicher ist, erleben wir eine
permanente Enttäuschung. In einer auf neurotischer Anhaftung
gründenden zweigeteilten Welt gibt es keine letzte Sicherheit.
Wahre Sicherheit finden wir eher dann, wenn wir lernen, ohne
neurotisches Verhaftetsein zu leben. Dabei handelt es sich jedoch nicht um eine sterile Abtrennung vom Rest des Lebens,
sondern um einen Zustand von tiefer Verbundenheit mit *allem*
Leben, in dem wir nicht versuchen, manche Dinge oder Menschen auszuschließen und uns an andere verzweifelt zu klammern. Wir lassen Dinge, Menschen und uns selbst einfach so
sein, wie wir und sie *wirklich* sind – und nicht, wie wir es gerne
hätten, dass die Dinge wären. Wenn wir einfach nur das tun,
entdecken wir die Freiheit, allen Lebewesen mit Freundlichkeit,
Wärme und Mitgefühl begegnen zu können.

Wir müssen uns jedoch davor hüten, *saṃsāra* und *nirvāṇa*
als absolut getrennte Gegensätze zu verstehen. Große Meister
wie z. B. Nāgārjuna (2./3. Jh. u. Z.; sprich: Naagáardschuna)
haben stets betont, sie seien in Wirklichkeit nicht voneinander

zu trennen. *Nirvāṇa* ist kein Ort – sozusagen eine Art buddhistischer Himmel irgendwo anders –, sondern es ist genau
hier und jetzt.

Man erlebt *nirvāṇa*, wenn man *saṃsāra* wirklich als
saṃsāra erkennt. Oder mit den Worten Krischnamurtis: „Die
bedingungslose Annahme des Bedingten ist das Unbedingte."

Wir neigen jedoch dazu, das Bedingte nicht in seiner Bedingtheit zu akzeptieren. Wir wollen es immer so auffassen, als
ob es nicht von Bedingungen abhängig wäre, als ob es uns vollständige und endgültige Befriedigung verschaffen könnte; als
ob die Dinge, die wir mögen, und die Menschen, die wir lieben,
immer bei uns bleiben würden; als ob *saṃsāra* in irgendeiner
Weise Substanz und Sicherheit bieten könnte. Und so können
wir *saṃsāra* und *nirvāṇa* nicht als identisch erfahren. Wir lassen uns weiterhin täuschen. Wir leiden, weil wir uns auf Grund
irriger Annahmen an *saṃsāra* klammern. Es liegt noch ein
gutes Stück Arbeit vor uns, bis wir ehrlich behaupten können,
wir hätten die Identität von *saṃsāra* und *nirvāṇa* erlebt. Für
uns ist *saṃsāra* hier und *nirvāṇa* ein Zustand jenseits des
Horizonts unserer gegenwärtigen Existenz, ganz am Ende
eines spirituellen Wegs, für den wir uns möglicherweise entscheiden.

Wenn wir die Drei Merkmale der bedingten Existenz
erkennen können, wenn wir ihre Wahrheit nicht nur intellektuell, sondern aus der Tiefe unseres Seins heraus erfassen, und
es zulassen, dass unser Verhalten von dieser Einsicht verändert
wird – dann gewinnen wir einen ersten echten Eindruck davon,
was Vollkommene Schauung heißt, und tun den ersten Schritt
auf dem Achtfachen Pfad.

DER PFAD DER WANDLUNG

VOLLKOMMENE EMOTION

Auf intellektueller Ebene können wir oft recht klar erfassen, was wahr und richtig ist, doch sind wir emotional so tief verstrickt, dass uns das hindert, gemäß unserer Einsicht zu handeln. Zum Beispiel wissen die meisten Raucher, dass Rauchen äußerst schädlich für sie ist und dass sie damit aufhören sollten. Doch auf einer tieferen, eher emotionalen und weniger bewussten Ebene haben sie nicht die geringste Absicht, tatsächlich aufzuhören. Wir lassen uns also nicht nur von Vernunftgründen leiten. Immer wieder müssen wir feststellen, dass in Wirklichkeit die Gefühle, die Emotionen stärker sind als der Verstand. Ganz gleich, was wir auch zu tun beabsichtigen, wir können es nur dann vollbringen, wenn auch unsere emotionale Seite wirklich zur Mitwirkung bereit ist. Für die meisten Menschen besteht das Hauptproblem ihres spirituellen Lebens darin, eine emotionale Entsprechung für ihre intellektuellen Einsichten zu finden. Daher ist Vollkommene Emotion, *sammā-sankappa*, der erste Schritt nach Vollkommener Schauung.

Sankappa wird oft mit „Gesinnung", „Entschluss" oder „Geisteshaltung" übersetzt, entspricht aber eher dem Begriff „Willen". Er steht dafür, die gesamte emotionale und willensmäßige Seite unseres Wesens mit unserer Einsicht in die wahre Natur der Existenz in Einklang zu bringen.

Vielleicht ist es eine Folge des theistischen Hintergrunds unserer westlichen Kultur, dass wir, wie unbewusst auch immer, zu der Annahme neigen, unser Wesen sei irgendwie festgelegt und eine wirkliche Veränderung unmöglich. „Ich bin, wie ich bin. Man muss mich so nehmen oder es lassen." Möglicherweise verbirgt sich dahinter die Idee: „Ich bin so, wie Gott mich geschaffen hat, und kann nichts daran ändern." Hingegen geht der Buddhismus davon aus, dass es keinen göttlichen Plan gibt. Was wir jetzt sind, ist das Ergebnis von Bedingungen, die unserer Seinsweise vorausgegangen sind; und indem wir einige der gegenwärtigen Bedingungen verändern, können wir auch uns selbst für die Zukunft ändern. Mit anderen Worten, wir können bewusst beginnen, unsere emotionale Befindlichkeit zum Besseren hin zu verändern.

Die buddhistische Tradition hat eine enorme Bandbreite von Übungsformen entwickelt, mit denen sich positivere geistige und emotionale Zustände hervorbringen lassen. In Kapitel 5 werde ich einige davon vorstellen.

Vollkommene Rede

Im westlichen Denken unterteilt man den Menschen gerne in Körper und Geist, oder auch in Körper, Geist und Seele. Die traditionelle Auffassung des Buddhismus hingegen nimmt eine Dreiteilung in Körper, *Rede* und Geist vor.

Sprachliche Befähigung ist in der gesamten Natur das Vorrecht des Menschen, und unsere Erziehung und Kultur hängen ziemlich davon ab. Wir werden von unseren Eltern und Lehrern mittels Sprache erzogen, und praktisch alle kulturellen Prozesse hängen in der einen oder anderen Form von gesprochenen oder schriftlichen Mitteilungen ab. Sprache gestaltet die Welt, in der wir leben. Indem wir Dinge mit Namen versehen, geben wir ihnen eine besondere Färbung, und wenn wir unsere Gedanken und Gefühle ausdrücken, machen wir sie zu einem Teil des öffentlichen Raums, in dem wir uns bewegen. Das, was wir äußern, macht einen wichtigen Teil dessen aus, *wer* wir sind und *wie* unsere Welt aussieht.

Einige Tage lang zu schweigen kann eine sehr hilfreich Erfahrung sein. Man verzichtet auf Bücher, Fernsehen und Gespräche und beobachtet, welche Wirkung dies auf unseren Geist hat. Sofern die äußeren Bedingungen stimmen – wie das bei buddhistischen Meditationsseminaren der Fall ist –, machen die meisten Menschen die Erfahrung, dass längeres Schweigen eine zutiefst klärende und energetisierende Wirkung hat.

Aber gewöhnlich schweigen wir nur selten. In der Welt zu leben heißt reden. Und weil unsere Rede eine so tiefgehende Wirkung auf uns und unsere Umwelt ausübt, muss auch sie im Lichte unserer ersten Ahnung von Vollkommener Schauung gewandelt werden. Vollkommene Rede ist demnach zunächst einmal Rede, die wahr ist.

> *Wenn du Verblendetes sprichst, wird alles zur Verblendung;*
> *Wenn du die Wahrheit sprichst, wird alles zur Wahrheit.*
> *Außerhalb der Wahrheit gibt es keine Verblendung,*
> *Und außerhalb der Verblendung gibt es keine besondere*
> *Wahrheit.*
> *Ihr Wanderer auf dem Weg des Buddha!*
> *Warum sucht ihr so angestrengt die Wahrheit an fernen*
> *Orten?*
> *Sucht Verblendung und Wahrheit auf dem Grunde eures*
> *Herzens.*[6]

Wenn man dem Pfad folgen will, der von unserer Ahnung von Vollkommener Schauung angedeutet wird, bedeutet dies, in jeder Situation die Wahrheit hochzuhalten, so unbequem dies auch sein mag.

Weiterhin bedeutet Vollkommene Rede, dass man versucht, unnötige Zwietracht zu vermeiden. Man spricht freundlich und mit der Absicht, hilfreich zu sein und Harmonie zu stiften. Erkennend, welche Macht das Reden hat und wieviel Energie dadurch verschwendet werden kann, verzichtet Vollkommene Rede außerdem auf leeres Geschwätz – obwohl sie durchaus fröhlich, ironisch und humorvoll sein kann.

VOLLKOMMENES TUN

Auf der Stufe Vollkommenen Tuns beginnt sich unsere Ahnung von Vollkommener Schauung direkt auf unser Verhalten und Leben auszuwirken. Bei Vollkommenem Tun geht es um die ethische Dimension unseres Lebens.

Das judäo-christliche System der Ethik, welches im Westen vorherrscht und uns insofern geprägt hat, fasst man im Allgemeinen als Gesetze oder Gebote auf. Die Regeln der Moral sind den Menschen von Gott vorgegeben, wie in der Geschichte von Moses, der unter Blitz und Donner vom Berg Sinai herabstieg und dem Volk Israel die Steintafeln mit den zehn Geboten brachte.

Folglich neigen wir dazu, ethische Richtlinien wie moralische Zwänge zu behandeln, die uns von einer außerhalb unserer selbst liegenden höheren Autorität auferlegt wurden. Die buddhistische Ethik hingegen argumentiert nicht theologisch, sondern psychologisch. Handlungsweisen werden nicht mit den Begriffen „gut" und „böse" bewertet, sondern eher mit „hilfreich", „förderlich", „klug" und „nicht hilfreich", „schädlich" oder „unklug", je nach Art der geistigen Verfassung, aus der sie hervorgehen.

Mit Vollkommener Schauung enthüllt sich uns eine Welt, die ein ständiger Fluss miteinander vernetzter Bedingungen ist, und in der alle Lebewesen voneinander abhängen. Hilfreiche oder förderliche Handlungen, die von Großzügigkeit, Freundlichkeit und Verstehen motiviert sind, stehen mit dieser Einsicht in Einklang. Sie führen zu einer tieferen Erfahrung der Wirklichkeit und einer Rücknahme kleinlicher Selbstbezogenheit. Schädliche oder ungeschickte Handlungen, deren Antrieb Gier, Abneigung und Verblendung sind, erzeugen Leiden und Isolation, schneiden uns vom Leben ab und verstärken die schmerzliche, einengende Selbstbezogenheit, der sie entspringen.

Der Buddha hat kein Regelwerk erlassen, dem alle Menschen zu folgen hätten. Er hat jedoch einige ethische Richtlinien für Verhaltensweisen angeboten, die ein natürlicher Ausdruck von förderlichen, hilfreichen oder klugen Geistesverfassungen sind. Die bekanntesten Richtlinien sind die Fünf

Vorsätze, die uns auffordern, Abstand zu nehmen von Töten, Stehlen, sexuellem Fehlverhalten, Lügen und der Einnahme von berauschenden Mitteln. Darauf werde ich näher in Kapitel 4 eingehen.

Vollkommener Lebenserwerb

Die bisherigen Stufen des Edlen Achtfachen Pfades haben sich damit beschäftigt, wie Vollkommene Schauung den einzelnen Menschen verwandelt. Bei Vollkommenem Lebenserwerb geht es nun nicht nur um die Wandlung des Einzelnen, sondern der ganzen Gesellschaft.

Die Welt bildet ein immer dichter werdendes Netz miteinander verbundenen Geschehens, welches heutzutage weitaus komplexer ist als zu Zeiten des Buddha. Unsere täglichen Handlungen zeitigen zahllose indirekte Konsequenzen. Einige Beispiele: Wir schalten das Licht ein und tragen dadurch möglicherweise zum sauren Regen über einem weit entfernt liegenden Wald bei, und zwar durch die Schwefelemissionen des uns versorgenden Kraftwerks; die in die Atmosphäre aufsteigenden Abgase unserer Autos können zu großen ökologischen Schäden in bestimmten Teilen Afrikas beitragen; und durch den Kauf eines einfachen weißen T-Shirts wirken wir vielleicht daran mit, dass irgendein Fluss mit Bleichmitteln verschmutzt und in der Fabrik, wo das T-Shirt hergestellt wurde, ein System der Ausbeutung aufrechterhalten wird.

Als Bürger der modernen Industriegesellschaft sind wir an Umweltzerstörung und wirtschaftlicher Ausbeutung praktisch in jedem Augenblick aktiv beteiligt.

Gleichzeitig stehen die Menschen in den industrialisierten Ländern unter enormem Druck, Dinge zu produzieren und zu konsumieren. Diejenigen, die Arbeit haben, sind wohlhabender als je zuvor, doch stehen sie unter ständigem Leistungsdruck, und ihre Freizeit wird mehr und mehr in Mitleidenschaft gezogen. Parallel dazu besitzt eine zahlenmäßig kleinere

Gruppe von fast dauerhaft Erwerbslosen große Mengen freier
Zeit, lebt dafür aber in unwürdiger Armut. Keine dieser beiden
Arten zu leben macht es leicht, die Folgerungen, die sich aus
dem ersten Eindruck von Vollkommener Schauung ergeben,
zur Entfaltung zu bringen.

Weil sie den unbefriedigenden Charakter des rastlosen Er-
werbsstrebens erkannten, haben Buddhisten schon immer ein
sehr einfaches Leben geführt. Sie konsumieren wenig, teilen,
wo es geht, und verdienen ihren Lebensunterhalt in einer
Weise, welche die eigenen spirituellen Bestrebungen unter-
stützt.

Doch in der heutigen stark vernetzten Welt können wir
nicht losgelöst von allem nur an uns selbst denken. Ganz
gleich, was wir tun, es hat Wirkungen auf andere, und andere
wirken auf uns ein. Daher sehen viele Buddhisten es heute als
notwendigen Bestandteil ihrer Praxis an, sich neben persönlicher auch für gesellschaftliche Veränderung einzusetzen. Auf
dieses Thema werde ich im letzten Kapitel zurückkommen.

Vollkommene Bemühung

Es ist kein leichtes Unterfangen, den Kurs unseres gesamten
Lebens so zu ändern, dass er mit der Einsicht übereinstimmt,
die wir auf der Stufe von Vollkommener Schauung gewonnen
haben. Unsere Gewohnheiten sitzen sehr tief. Trotzdem ist
Veränderung möglich. Das Einzige, was dazu erforderlich ist,
ist anhaltende Bemühung.

Hier bietet uns die Tradition wieder eine „Liste" an: die
Vier Bemühungen oder Anstrengungen. Es handelt sich im
Einzelnen um das Bemühen zu verhindern, dass noch nicht entstandene schädliche Geistesverfassungen entstehen; das Bemühen, entstandene schädliche Geistesverfassungen zu beseitigen;
das Bemühen, noch nicht entstandene förderliche Geistesverfassungen zu entwickeln; und das Bemühen, bestehende förderliche Geistesverfassungen zu erhalten.

1. Die Entstehung von noch nicht entstandenen schädlichen Geistesverfassungen verhindern

Die buddhistische Sicht geht von sechs Sinnen aus. Es handelt sich dabei um die uns bekannten fünf Sinne sowie um den Geist bzw. Verstand, der als sechster Sinn aufgefasst wird. Ungeschickte, schädliche Geistesverfassungen entstehen dadurch, dass das Gedächtnis oder einer der anderen fünf Sinne etwas in unseren Geist treten lässt, auf das wir mit Gier oder Hass reagieren. Im Vorbeigehen entdecken wir etwas Interessantes in einem Schaufenster, und schon setzt begehrendes Verlangen ein: Wir wollen es haben, und das Verlangen nistet sich in unserem Bewusstsein ein; es wächst und wird stärker, bis es endlich befriedigt wird.

Damit das nicht passiert, müssen wir „unsere Sinnestore hüten" und aufpassen, was wir hereinlassen. Wenn wir uns der Sinneseindrücke, die wir in unseren Geist treten lassen, bewusster werden, und ebenso unserer Gedanken, Gefühle und Erinnerungen, dann wächst allmählich unsere Fähigkeit, zwischen Eindrücken, die zu förderlichen Geistesverfassungen führen, und denen, die das nicht tun, unterscheiden zu können.

2. Entstandene schädliche Geistesverfassungen beseitigen

Es gibt – dies ist eine weitere „Liste" – fünf Hindernisse für die spirituelle Entwicklung: das neurotische Verlangen nach sinnlichem Erleben (das z.B. dazu führt, dass man zuviel isst); Übelwollen oder Abneigung; Trägheit und Stumpfheit; Unruhe und Besorgtheit; und schließlich neurotisches Zweifeln und Unschlüssigkeit (im Sinne der Unfähigkeit, sich für das Gute zu entscheiden). Dies sind die grundlegenden schädlichen Geistesverfassungen, die wir beseitigen müssen.

Ein Bewusstsein, das von diesen fünf Hindernissen frei ist, ist wie ein großer, kühler, klarer See. Demgegenüber ist neurotisches Verlangen wie Wasser, in das Farben geschüttet wurden. Zuerst ist alles sehr farbenprächtig und faszinierend. Wir lassen uns davon bezaubern, wie die Farben herumwirbeln und sich vermengen. Doch allmählich vermischt sich alles zu einem stumpfen, hässlichen Braun. Übelwollen ist wie kochendes Wasser. Trägheit und Stumpfheit sind wie ein Teich, der mit Schlingpflanzen zugewachsen ist. Unruhe und Besorgtheit sind wie ein See, der vom Wind aufgewühlt wird. Neurotischer Zweifel und Unschlüssigkeit schließlich sind wie Schlamm.

Um diesen Hindernissen entgegenzuwirken, bietet die buddhistische Überlieferung vier „Gegengifte" an. Das erste: Man bedenkt die Konsequenzen, die sich ergeben, wenn man sich einem dieser geistigen Verfassungen überlässt. Wer es sich gestattet, wütend zu werden, redet dann vielleicht grob zu jemandem und verursacht ihm unnötiges Leid, oder wird sogar gewalttätig. Wieviel Leid, Chaos und Verwirrung kann daraus entstehen? Überlasse dich deiner Gier, und du wirst vielleicht einfach dick. Wolltest du das, als du dir das dritte Stück Kuchen genommen hast?

Die zweite Methode ist die der Förderung des Gegenteils. Jede schädliche Geistesverfassung hat ein förderliches Gegenstück. Wenn wir z.B. jemandem ablehnend gegenüberstehen, können wir daran arbeiten, ihm oder ihr gegenüber Gefühle der Freundlichkeit zu entwickeln. Es gibt Meditationsübungen, die darauf abzielen, derartige Veränderungen zu bewirken. Eine davon werde ich in Kapitel 5 genauer beschreiben.

Die dritte Methode besteht darin, den schädlichen Geistesverfassungen keine besondere Aufmerksamkeit zu widmen, sondern sie einfach vorüberziehen zu lassen. Hier stellt man sich den Geist als klaren blauen Himmel vor und die störenden Empfindungen sind die Wolken – sie gleiten in den Geist hinein, und sie gleiten auch wieder hinaus. Wenn wir uns mit einer vorübergehenden Geistesverfassung nicht identifizieren und größer werden als sie, geben wir ihr die Möglichkeit, einfach von selbst zu verschwinden.

Die vierte Methode ist die der direkten Unterdrückung. Sie sollte nur im Notfall angewendet werden. Unterdrückung ist hier nicht dasselbe wie „Verdrängung", welche unbewusst geschieht und psychisch schädlich ist. Vielmehr weiß man hier genau, was man tut. Man beißt die Zähne zusammen und weigert sich, den Verlockungen einer nicht hilfreichen Geistesverfassung zu erliegen. Auf diese Weise schaffen es manche Leute zum Beispiel, mit dem Rauchen aufzuhören.

3. Noch nicht entstandene förderliche Geistesverfassungen entwickeln

Förderliche Geistesverfassungen kann man auf verschiedene Weise entwickeln: indem man sich an der Natur oder an Kunstwerken erfreut, durch Gespräche mit Freunden oder durch Freundlichkeit und Großzügigkeit. Doch die wichtigste Methode, die Buddhisten anwenden, um förderliche Geistesverfassungen zu entwickeln, ist die systematische Übung von Meditation.

Ziel der buddhistischen Meditation ist die vollständige Umwandlung des Bewusstseins. Meditation ist ein Werkzeug, durch das der Geist in systematischer und direkter Weise an sich selbst arbeitet, um im Bewusstsein die gewünschten Veränderungen zu bewirken. Meditation war schon immer eine zentrale buddhistische Übungsform – schließlich erlangte der Buddha Erleuchtung, während er meditierte. Die meisten Darstellungen sakraler buddhistischer Kunst behandeln dieses Thema, und alle großen buddhistischen Meister übten sich in Meditation und unterrichteten sie. Es gibt Tausende von Meditationstechniken, wovon ich eine repräsentative Auswahl in Kapitel 5 genauer darstellen werde.

4. Bereits vorhandene förderliche Geistesverfassungen erhalten

Nachdem man das Entstehen nicht hilfreicher oder negativer Geistesverfassungen verhindert bzw. solche Verfassungen, falls sie entstanden sind, beseitigt hat, kommt es entscheidend darauf an, in seiner Bemühung nicht nachzulassen. Nur zu leicht gleitet man wieder in frühere Geistesverfassungen zurück. Irgendeine Form von regelmäßiger spiritueller Praxis ist die einzige Möglichkeit, um auf dem Pfad voranzukommen. Es gibt einen Punkt, von dem an man auf dem Pfad so weit fortgeschritten ist, dass weitere Fortschritte ganz natürlich und spontan entstehen. Für die allermeisten von uns liegt dieser Punkt aber noch in weiter Ferne. Bis dahin unterliegen wir immer noch der Anziehungskraft unserer alten Gewohnheiten und Konditionierungen. Allein regelmäßige Praxis – speziell in den Übungsfeldern von Ethik, Meditation und Reflexion über die Lehren des Buddha – gewährleistet, dass wir Fortschritte machen.

Vollkommenes Gewahrsein

Unseren ersten Einblick in Vollkommene Schauung konnten wir auf Grund eines Moments größerer Wachheit oder Achtsamkeit gewinnen, die allerdings sehr leicht wieder verloren geht. Die Stufe von Vollkommener Achtsamkeit bezieht sich darauf, eine höhere und immer länger andauernde Ebene des Gewahrseins zu entwickeln.

Der Pali-Begriff für diese Stufe ist *sammā-sati*, wobei das Wort *sati* soviel heißt wie „innere Sammlung". Meistens wird es jedoch mit „Achtsamkeit" oder auch „Gewahrsein" wiedergegeben. Dabei schwingt eine Vorstellung von anhaltender Absicht mit. In diesem Sinne sind die meisten Menschen nicht sonderlich achtsam oder gesammelt. T.S. Eliot beschreibt das sehr gut, wenn er davon spricht, wie wir „durch Ablenkungen von Ablenkungen abgelenkt werden".

Der Grund dafür ist darin zu suchen, dass die meisten Menschen nicht aus einem einheitlichen Ich bestehen, sondern eher aus einem losen Bündel von „Ichs", die im gleichen Körper nebeneinander her leben. Ich Nummer eins mag z.B.

beschließen, dass es in diesem Jahr auf jeden Fall abnehmen muss. Deshalb informiert es sich über die neuesten Diäten und kauft verschiedene Badezimmerwaagen. Ich Nummer zwei hat damit aber nichts zu tun. Sobald es die Chance bekommt, sucht es im Kühlschrank nach einer weiteren Zwischenmahlzeit. Gleichzeitig überlegt Ich Nummer drei, ob nicht ein kleiner Seitensprung genau das wäre, was das Leben wirklich lebenswert machen würde. Doch Ich Nummer vier, das eine strenge katholische Erziehung genossen hat, will sich dem um jeden Preis widersetzen. Das ist zwar alles schön und gut, doch das Leben dieser Person könnte wirklich lebenswert werden, wenn sie meditieren lernte. Dabei könnten sich die verschiedenen Ichs miteinander bekannt machen, ihren Kampf einstellen und anangen, sich in dieselbe Richtung zu bewegen.

Nicht genug, dass wir psychisch zersplittert sind, aus buddhistischer Perspektive sind wir überdies die meiste Zeit am Schlafen. Wir sind so mit dem verwirrenden Strudel flüchtiger Eindrücke, Erinnerungen, Gefühle, Gedanken und Emotionen beschäftigt, dass unser Gewahrsein für den gegenwärtigen Augenblick nur sehr oberflächlich ist. Oft verlieren wir uns in einem Nebel von Sorgen und Angst, oder das massive Überangebot an Sinnesreizen, die das moderne Leben mit sich bringt, betäubt uns einfach. Es gibt so viel zu tun, so viele Menschen, die man treffen muss, und so viele Termine, die einzuhalten sind. Nur ganz selten halten wir inne und sehen wirklich hin. Vielleicht ergreift uns dann die Schönheit eines Sonnenuntergangs, oder wir stehen einfach einen Augenblick lang still und schenken ihm unsere Aufmerksamkeit. Wie anders sind doch diese seltenen Momente von ruhiger, gebündelter Aufmerksamkeit! Seltene Momente, in denen wir wirklich lebendig sind.

Achtsamkeit ist der Weg zum Todlosen, Achtlosigkeit der Weg zum Tod. Diejenigen, die achtsam sind, werden nicht sterben, während die Unachtsamen schon so gut wie tot sind.

Diese vorzügliche Qualität der Achtsamkeit kennend,
bereitet sie den spirituell Gereiften große Freude und das
Reich der Edlen ist ihnen eine Wonne.

Versunken in übernatürlichen Bewusstseinszuständen,
innerlich gesammelt und mit nie nachlassendem Bemühen
verwirklichen diese Weisen die unübertreffliche Sicherheit
des nirvāṇa.

Wer so voller Energie ist, innerlich gesammelt, in seinem
Betragen ohne Makel, umsichtig, zurückhaltend, recht-
schaffen und achtsam, dessen Ruhm nimmt beständig zu.

Mit Energie, Achtsamkeit, Zurückhaltung und Selbst-
kontrolle erschafft sich der Verständige eine Insel, die keine
Flut bedrohen kann.[7]

Es gibt vier Hauptobjekte, an denen wir unser Gewahrsein
schulen können: uns selbst, unsere Umgebung, andere Menschen und die absolute Realität.

Beginnen wir mit dem Körper. Es lohnt sich, gelegentlich
kurz innezuhalten und zu prüfen: Wie bewusst bin ich mir gerade meines Körpers? Weiß ich, wo meine Hände und Füße
gerade sind? Wie fühlen sich mein Rumpf und mein Kopf an?
Wie verhält sich mein Atem? Sind die Atemzüge kurz oder
lang, tief oder flach? Um eine anhaltende Achtsamkeit für
unseren Körper und seine Bewegungen entwickeln und aufrechterhalten zu können, müssen wir unser Tempo zurückneh-
men und lernen, jeweils immer nur eine Sache zur gleichen Zeit
zu machen. Auf diese Weise können wir nicht nur ein kontinu-
ierlicheres Gefühl von uns selbst entwickeln, sondern unsere
Bewegungen werden anmutiger, und wir können das, was wir
uns vornehmen, effektiver ausführen. Wenn Sie mit gebündelter Aufmerksamkeit nur eine Sache auf einmal erledigen,
schaffen Sie in Wirklichkeit viel mehr, als wenn Sie sich fortwährend aus einem Zustand kaum unterdrückter Panik in Ihre
Aktivitäten stürzen.

Kommen wir nun zum Gewahrsein von Empfindungen
und Gefühlen oder Emotionen. Zwischen ihnen gibt es den

folgenden Unterschied. Empfindungen sind einfach – sie sind angenehm oder unangenehm, stark oder schwach. Gefühle oder Emotionen sind im Allgemeinen komplexer. Wenn wir jemandem begegnen, den wir mögen, erleben wir eine angenehme Empfindung, und erst danach steigt ein ganzes Gemisch der verschiedensten Gefühle in uns auf. Weil unser emotionales Leben oft sehr verwickelt ist, fällt es uns nicht immer leicht, uns unserer Gefühle in all ihrer Tiefe und Komplexität bewusst zu werden. Wir können damit beginnen, zu lernen, unsere Empfindungen wahrzunehmen, wenn sie entstehen – angenehm oder unangenehm –, und unsere Gefühle ganz einfach zu registrieren, sobald wir uns ihrer bewusst werden.

In der heutigen Zeit neigen manche Menschen im Westen dazu, ihre Gefühle nicht wahrhaben zu wollen und sie zu unterdrücken. Andere hingegen beschäftigen sich intensiv auch noch mit feinsten Nuancen ihres Gefühlslebens. Der Buddhismus wählt den mittleren Weg zwischen diesen beiden Extremen. Er schlägt einfach vor, die Gefühlslage mit zu berücksichtigen. Man nimmt sie zur Kenntnis und macht sich daran, sie zu verändern, indem man negative Emotionen umwandelt sowie positive weiterentwickelt und stärkt.

Als nächstes geht es um das Gewahrsein der Gedanken. Sehr oft wissen wir gar nicht, was wir gerade denken. Gedanken tauchen wie zufällig in unserem Geist auf, huschen hin und her und verschwinden wieder ohne jegliche sinnvolle Auswirkung. Wenn wir uns des Denkprozesses bewusster werden, machen wir unsere Gedanken effektiver. Indem wir den Prozess des Denkens mit unserer Aufmerksamkeit begleiten, können wir einem einzelnen Gedanken bis zu seinem Ende folgen, und danach entsprechend handeln. Fortgeführtes Denken ist im Gegensatz zu sprunghaftem Denken äußerst selten. Wenn wir unseren Denkprozessen größere Aufmerksamkeit widmen, wird das permanente Geplapper unseres sprunghaften Denkens allmählich abnehmen, und wir können anfangen, unser Denken kreativ einzusetzen. Durch bestimmte Übungen, wie z.B. Meditation, können wir schließlich sogar lernen, das Plappern des Geistes eine Zeit lang ganz einzustellen, so dass nichts bleibt als reines, klares Gewahrsein und strahlende Bewusstheit.

Dann gibt es noch das Gewahrsein der Umgebung. In dem Maße, wie sich das Gewahrsein unserer selbst vertieft, nehmen wir auch die Dinge um uns herum mit größerer Klarheit wahr, und wir fangen an, sie mehr zu schätzen – die Staubkörner, die in einem Lichtstrahl tanzen, die Farbtöne und die Oberflächenstruktur einer nackten Ziegelsteinmauer, den Gesang der Vögel, die Farben des Herbstlaubs. Wir fangen an, auch auf unsere Mitmenschen mehr zu achten. Wir bekommen ein Gespür für ihre Empfindungen und Gefühle, die sich in ihrer Körperhaltung und ihrem Gesichtsausdruck zeigen. Es ist heutzutage auch eher selten, dass jemand wirklich zuhört. Manchmal können wir jemandem das größte Geschenk machen, indem wir ihn oder sie einfach bis zum Ende mit voller, ungeteilter Aufmerksamkeit anhören.

Und schließlich kommen wir zur höchsten Ebene von Achtsamkeit oder Gewahrsein, dem Gewahrsein der höchsten Realität. Dazu müssen wir zunächst anerkennen, dass wir von dieser Realität normalerweise *keine* Ahnung haben. Meistens halten wir uns in einer Welt verblendeter Projektionen auf und behandeln unsere unmittelbaren, subjektiven Reaktionen so, als ob sie real wären und eine von uns unabhängige Existenz besäßen. Indem wir diese Reaktionen auf die Wirklichkeit abbilden, erschaffen wir aus dem instabilen Material unserer Wünsche und Abneigungen eine subjektive Welt. Wenn es uns schlecht geht, ist die Welt bloß noch ein düsteres Jammertal; wenn wir frohen Mutes sind, erscheint sie uns wie ein heiteres Paradies. Um das Gewahrsein dafür zu schärfen, wie die Dinge *wirklich* sind, sollten wir beginnen, weniger an unseren unmittelbaren, subjektiven Reaktionen zu kleben und in unseren Einschätzungen objektiver zu werden.

Außerdem sollten wir gründlicher über die Einsichten nachdenken, die wir bei unserer ersten flüchtigen Begegnung mit Vollkommener Schauung gewonnen haben. Wir sollten uns mit ihnen gedanklich beschäftigen, sie geistig präsent halten und ihnen so erlauben, uns auf immer tieferen Schichten zu verwandeln. Dabei helfen uns Lehrsätze, die die wahre Natur der Dinge aufzeigen, wie etwa die Vier Edlen Wahrheiten oder die Drei Merkmale der bedingten Existenz.

Vollkommener Samādhi

Wörtlich genommen bezeichnet *samādhi* einen Zustand des Gefestigt- oder Gegründet-Seins. Dies lässt sich auf zwei Weisen verstehen. Einerseits ist damit das Verbunden-Sein des Geistes mit einem einzigen Objekt gemeint, wie es in meditativer Konzentration der Fall ist. Andererseits kann es bedeuten, dass man fest in der Absoluten Realität verankert oder gegründet ist. In dieser zweiten Verwendungsweise stellt Vollkommener Samādhi die höchste Stufe des Pfades dar, auf der man die anfängliche Schauung voll verwirklicht hat und wo die eigene Existenz vollständig und unumkehrbar verwandelt worden ist.

In dieser höheren Bedeutung des Wortes gibt es traditionellerweise drei Formen von *samādhi*. Obwohl sie weit außerhalb unserer Reichweite liegen, lohnt es sich, sie hier kurz zu skizzieren, denn sie geben uns einen Vorgeschmack auf das eigentliche Ziel. Dabei handelt es sich nicht um Zustände, die sich gegenseitig ausschließen, sondern eher um verschiedene Aspekte des einen *samādhi*.

Zunächst ist da der Bildlose Samādhi. Dieser Ausdruck verweist darauf, dass der Zustand des *samādhi* frei ist von der Festlegung der Dinge durch Begriffe. Es ist ein Zustand vollkommener Bewusstheit, einer absoluten Wachheit auf höchster Ebene, ohne jeden diskursiven Gedanken. Das Bewusstsein ist wie ein klarer blauer Himmel ohne die kleinste Wolke.

Dann gibt es den Richtungslosen Samādhi, einen Zustand vollkommener Ruhe, ohne den geringsten Impuls, sich in irgendeine Richtung zu bewegen. Die Ausgeglichenheit dieses Zustands entspricht einer vollkommen runden Kugel, die auf einer völlig glatten Ebene liegt. Sie könnte überall hinrollen, doch fehlt dazu jeglicher Impuls. Jede Form von egoistischem Verlangen ist ausgelöscht. Es handelt sich um einen Zustand von vollkommener Spontaneität, doch ohne jeden Impuls, irgendetwas zu tun.

Und schließlich gibt es den Samādhi der Leerheit. Dies ist der Zustand vollendeter Einsicht in die Absolute Natur der Realität: Alles, was es gibt, hat dieselbe Natur, und diese Natur ist Nicht-Natur. Oder mit den Worten des *Herz-Sūtras*:

> *... Form ist nichts anderes als Leerheit*
> *Leerheit nichts anderes als Form.*
> *Form ist bloß Leerheit*
> *Leerheit bloß Form.*
> *Für Fühlen, Denken oder Wollen*
> *und für das Bewusstsein selber*
> *gilt genau das Gleiche.*
>
> *Alle Dinge sind die ursprüngliche Leerheit,*
> *die weder geboren noch zerstört wird,*
> *die weder befleckt noch rein ist*
> *und weder wächst noch vergeht ...*
>
> *... So wisset denn, dass der Bodhisattva,*
> *der sich an nichts mehr klammert,*
> *sondern in vollkommener Weisheit verharrt,*
> *befreit ist von den trügerischen Hindernissen*
> *und von der Furcht, die diese erzeugen,*
> *und so klarstes* nirvāṇa *erlangt.*
>
> *Alle Buddhas der Vergangenheit und Gegenwart*
> *Buddhas kommender Zeiten,*
> *die diese* Prajñā-*Weisheit gebrauchen,*
> *gewinnen vollendete Einsicht ...*[8]

Der Achtfache Pfad endet hier – oder besser gesagt, er verschwindet völlig aus unserem Blickfeld und führt weit hinter den Horizont unseres gegenwärtigen Bewusstseins in Dimensionen von sich ständig erweiternder Freiheit und Kreativität.

Wir müssen uns jedoch vor der Annahme hüten, der Achtfache Pfad hätte so etwas wie einen klaren Anfang, eine Mitte und ein Ende, als ob man jede Stufe nur ein einziges Mal durchlaufen würde. Eher ist es so, dass der Weg selbst verstärkend wirkt. Mit jedem Schritt auf dem Pfad der Wandlung wächst unsere Fähigkeit zu Vollkommener Schauung. Und je tiefer das Erkennen, die Einsicht reicht, desto stärker werden wir uns dazu gedrängt fühlen, für unsere eigene Verwandlung mehr zu tun. Manchmal wird unser Fortschritt langsam und stetig sein, zu anderen Zeiten ereignen sich vielleicht ziemlich dramatische Durchbrüche. Gelegentlich mögen wir auch das Gefühl haben festzustecken. Doch solange wir in unseren Bemühungen nicht nachlassen, wird irgendwann der Erfolg garantiert eintreten.

Die Vier Edlen Wahrheiten, der Edle Achtfache Pfad, die Drei Merkmale der bedingten Existenz, die allen Erscheinungen wesenseigene Leerheit, die Identität von *saṃsāra* und *nirvāṇa*, die Fünf Vorsätze, Meditation, die Vier Bemühungen, die Fünf Hindernisse, die Vier Gegengifte, die Vier Objekte der Achtsamkeit und die Drei Samādhis – mit diesen Lehren hat man genügend Übungsstoff für das ganze Leben. Sie stellen nur einen Bruchteil der Lehren des Buddha dar, doch vermitteln sie einen Eindruck davon, worum es dem Dharma überhaupt geht.

3. DER SANGHA – DIE SPIRITUELLE GEMEINSCHAFT

Als der Buddha von Zuhause „fortging", um Wanderasket zu werden, folgte er damit einem Brauch, der zu seiner Zeit recht verbreitet war. Viele zogen wie er durchs Land, allein oder in Gruppen, unter der Führung eines spirituellen Lehrers oder auf sich gestellt. Und als der Buddha seine ersten Schüler im Wildpark von Sarnath um sich sammelte, tat er einfach das, was andere spirituelle Lehrer seiner Zeit auch machten. Die vielköpfige Schar der Wanderasketen hatte bereits eine Reihe von *sanghas* – religiöse Gemeinschaften – gebildet in deren Mittelpunkt ein bestimmter Lehrer stand. Seinen Zeitgenossen wird der Buddha, ebenso wie Mahavira, der Gründer der dschainistischen Religion, einfach wie ein weiterer Gründer oder Führer solch eines *sanghas* vorgekommen sein. Ganz wie die anderen, lehrte er einen bestimmten *dharma*, im Sinne von Gesetz oder Lehre, und es war nicht so sehr die Lebensweise seiner Anhänger, sondern seine Lehre, die sie von den anderen unterschied.

Das Leben des Buddha und seiner ersten Schüler folgte den ungeschriebenen Regeln, die unter den damaligen Asketen allgemein üblich waren. Sie trugen Gewänder, die aus weggeworfenen Lumpen gemacht waren, rasierten ihren Kopf kahl und verbrachten den größten Teil des Jahres, indem sie von Ort zu Ort wanderten. Sie lebten von Almosen und enthielten sich dem Geschlechtsverkehr, dem Stehlen, dem Töten von Lebewesen und falschen Behauptungen bezüglich ihrer spirituellen Entwicklung. Und wie die Mitglieder anderer Wandersekten trafen sie sich alle zwei Wochen, um einen *praṭimokṣa* (sprich: prátimókscha; Pali *paṭimokkha*) zu rezitieren, eine in Versen gesprochene Zusammenfassung des *dharmas*, dem sie folgten.

Der *Dhammapada* – ein alter buddhistischer Text – hat einen solchen *praṭimokṣa* überliefert:

> *Enthaltung von allem Bösen, Entwicklung alles Guten,*
> *Reinigung des Herzens;*
> *Das ist die Botschaft aller Buddhas.*

> *Geduld ist die höchste Übung und Tugend;*
> *„Nirvāṇa ist höchstes Heil", sagen die Buddhas.*
> *Der ist kein in die Hauslosigkeit Gegangener, der einen*
> *anderen schädigt.*

> *Nichts Ungutes zu reden, keinem lebenden Wesen zu schaden,*
> *Den paṭimokkha zu beachten, beim Essen Maß zu halten,*
> *Allein in der Einsamkeit zu leben, sich der Meditation hin-*
> *zugeben:*
> *Dies ist die Botschaft aller Buddhas.*[9]

Das Wort *sangha* hat viele Bedeutungen. Ganz allgemein bedeutet es auf Pali und Sanskrit: Gruppe oder Ansammlung von Menschen. In diesem Wortsinn hat es auch Eingang in die modernen Sprachen Indiens gefunden. Wenn wir es hier großgeschrieben verwenden, trägt es eine spezifisch buddhistische Bedeutung. Als dritter der Drei Juwelen – Buddha, Dharma und Sangha – bezieht sich der Begriff ausschließlich auf den Ārya-Sangha, den Sangha der Edlen: die Gemeinschaft all jener, die spirituell so weit fortgeschritten sind, dass ihr Zurückfallen in die Fänge von *saṃsāra* es für immer unmöglich ist.

Allgemeiner benutzt man das Wort Sangha auch für die weitere buddhistische Gemeinschaft, also für die Menschen, die den Lehren des Buddha folgen und nach seinem Dharma leben.

ZUFLUCHTNEHMEN

Als der Buddha von Ort zur Ort wanderte, begegnete er vielen Menschen. Er unterhielt sich mit ihnen, und sehr oft übten seine Worte eine tiefgehende Wirkung auf sie aus. Seine Zuhörer sprachen davon, wie er ein Licht dorthin gebracht hatte, wo vorher nur Dunkelheit gewesen war, oder dass etwas, was zuvor in Unordnung gewesen sei, nun wieder geordnet war. Gelegentlich war die Wirkung des Dharma auf diejenigen, die ihn zum ersten Mal hörten, so dramatisch, dass sie sich selbst sowie die Welt mit neuen Augen sahen, ihr gesamtes Leben eine völlig neue Ausrichtung erhielt und dadurch eine nachhaltige Veränderung erfuhr. Eine derartige Neuorientierung würden sie mit folgenden Worten ausdrücken:

Búddhaṃ sáranaṃ gacchāmi! (sprich: búddhang sáranang gatscháami)
Dhámmaṃ sáranaṃ gacchāmi! (sprich: dhámmang sáranang
gatscháami)
Sáṃghaṃ sáranaṃ gacchāmi! (sprich: sánghang sáranang gatscháami)

Zum Buddha nehme ich Zuflucht!
Zum Dharma nehme ich Zuflucht!
Zum Sangha nehme ich Zuflucht!

Mit anderen Worten verpflichteten sie sich, ihrem Leben eine neue Richtung zu geben und es völlig an den Drei Juwelen auszurichten. Sie sahen im Buddha ihren Lehrer und in seiner Erleuchtung ihr höchstes Ziel; der Dharma wurde ihnen zur Leitlinie; und sie strebten danach, ein Teil des Ārya-Sanghas zu werden (oder verkündeten in manchen Fällen sogar, es schon zu sein) und baten um dessen Unterstützung bei ihrem Vorhaben.

Es ist dieser Akt des Zufluchtnehmens zu den Drei Juwelen, der einen Menschen zum Buddhisten macht. Alle Schulen des Buddhismus, so weit sie sich auch im Lauf der Jahrhunderte voneinander entfernt haben mögen, sind sich darin einig.

Das Wort „Zuflucht" kann zunächst missverständlich wirken. Manche lesen es als „Ausflucht", so als ob der Buddhismus eine Form von Eskapismus wäre. Doch trifft das genaue Gegenteil zu. Der Akt des Zufluchtnehmens ist nichts, was es nur im Buddhismus gibt. Er ist eine Grundtatsache menschlichen Verhaltens. Wenn wir zu etwas Zuflucht nehmen, dann stellen wir diese Sache in den Mittelpunkt unseres Lebens und richten alles andere daran aus, d.h. wir benutzen sie, um unserem Leben Sinn und Bedeutung zu geben. Und es gibt vieles, bei dem wir Zuflucht suchen.

Manche Menschen nehmen Zuflucht zu ihrer Karriere. Indem sie sich über ihren Beruf definieren – „Ich bin ein Lehrer, ein Jurist, ein Handwerker, usw." –, bekommen sie ein Gefühl von Sicherheit angesichts des Chaos ihres täglichen Lebens. Sie wissen nun, wer sie sind und wo sie stehen. Oder wir nehmen Zuflucht zu dem oder der Geliebten oder zum Ehepartner. Wir hoffen, dass wenigstens sie für uns stets eine verlässliche Quelle von Unterstützung und Wohlergehen sein werden. Andere Menschen nehmen Zuflucht zu ihrem Besitz. Zum Beispiel kann ihr Auto zu einem zentralen Element ihrer Identität werden: Modelltyp und Farbe demonstrieren genau, wo jemand seinen Standort in der Gesellschaft sieht.

Doch ist keine dieser Zufluchten letztlich sicher. Alles auf dieser Welt ist dem Wandel unterworfen. Wir können jederzeit unseren Job verlieren. Der geliebte Mensch mag aufhören, uns zu lieben. Unser Auto kann gestohlen oder beschädigt werden; auf jeden Fall wird es, wie alles andere, irgendwann auseinander fallen. Das soll nun nicht heißen, dass wir jetzt unsere Karrieren, unsere Ehepartner und unsere Besitztümer aufgeben müssen, um ein spirituelles Leben zu führen (obwohl manche Menschen dies tun). Hier soll nur darauf hingewiesen werden, wie unsicher es ist, sein ganzes Leben an Dingen auszurichten, die von Bedingungen abhängen und deshalb dem Wandel unterworfen sind und dass diese Unsicherheit unvermeidlich ist. Die einzig sichere Zuflucht ist Erleuchtung, das *Un*bedingte. Nachdem man Erleuchtung als Ziel in den Mittelpunkt seines Lebens gestellt hat, kann man daran gehen, die übrigen Elemente des Lebens daran auszurichten.

Der Grad, in dem die zentrale Stellung der Drei Juwelen die übrigen Elemente des eigenen Lebens beeinflusst, hängt entscheidend davon ab, wie ernsthaft man Zuflucht nimmt. Denn nicht alle Buddhisten nehmen in gleichem Maß Zuflucht. Man kann vier grundsätzliche Ebenen der Zufluchtnahme unterscheiden.

Die erste ist die „ethnische" Ebene der Zufluchtnahme. Es ist die Ebene der Menschen, die sich als Buddhisten betrachten, weil sie in einer buddhistischen Familie geboren wurden oder in einem buddhistischen Land leben (sofern man überhaupt sagen kann, dass ein Land buddhistisch sei). Diese Menschen üben ihre religiösen Pflichten aus, weil es so geschrieben steht und von jemandem, der in diesen Gesellschaften lebt, erwartet wird. Sie betrachten sich als Buddhisten, doch handelt es sich dabei um nichts weiter als ein Merkmal der Zugehörigkeit zu einer bestimmten Kultur oder Gruppe.

An sich genommen, ist die ethnische Ebene völlig in Ordnung, doch führt sie nicht sehr weit. Das Leben der Menschen, deren buddhistische Übung auf dieser Ebene stehen bleibt, wird keine besonders tiefgreifende Wandlung erfahren. Damit der Buddhismus auf unser Leben eine wirklich nachhaltige Wirkung ausüben kann, muss man sich bewusst darauf einlassen. Durch Geburt kann man *nicht* auf den spirituellen Weg gelangen.

Die zweite Ebene ist die der „provisorischen" Zufluchtnahme. Auf dieser Ebene geht es um Menschen, deren Erfahrung mit dem Pfad unterschiedlich intensiv ist. Vielleicht nehmen sie an ihrem ersten Kurs in buddhistischer Meditation teil, oder sie versuchen zum ersten Mal, nach den ethischen Prinzipien des

Buddhismus zu leben, oder sie haben bereits seit mehreren Jahren buddhistische Lehren und Methoden auf ihr Leben angewandt, fühlen sich jedoch noch nicht bereit, sich endgültig den Drei Juwelen zu verpflichten. Jeder, der wissen will, worum es im Buddhismus wirklich geht, wird diese Stufe durchlaufen müssen. Der Buddhismus ist *ehipassiko* – ein Pali-Begriff mit der Bedeutung „komm und sieh". Er kann nur durch direkte, persönliche Erfahrung wirklich verstanden werden.

Die dritte Ebene ist die der „effektiven" Zufluchtnahme. Hier hat man sich auf die Drei Juwelen verpflichtet, hat sie ins Zentrum des eigenen Lebens gestellt und die übrigen Aktivitäten daran ausgerichtet. Diese Menschen geben sich Mühe, Bedingungen zu schaffen, die für ihre eigene buddhistische Übung und die anderer Menschen unterstützend sind. Und solange die herrschenden Bedingungen ihre buddhistische Praxis unterstützen, bleibt diese auch effektiv. Sie mögen Mönche oder Laien sein, alleine oder als spirituelle Gemeinschaft zusammen leben. Sie meditieren regelmäßig, studieren den Dharma, pflegen engen Kontakt mit anderen Mitgliedern des Sanghas und richten ihr Handeln an den ethischen Prinzipien des Buddhismus aus.

Und schließlich gibt es die „wirkliche" Zufluchtnahme. Dies ist die Ebene derjenigen Buddhisten, die sich bis zu einem gewissen Grad von der schwerkraftmäßigen Anziehung des Saṃsāra freigemacht haben. Durch fortwährende Bemühung, die zu spiritueller Einsicht führte, haben sie eine Stufe spiritueller Kreativität erreicht, die unumkehrbar ist. Sie werden nicht mehr von den Grenzen ihrer weltlichen Persönlichkeit eingeengt und ihr Vertrauen in die Drei Juwelen ist unerschütterlich. Ihr ethisches Betragen ist makellos, und ihr Leben richtet sich auf ganz natürliche Weise an der endgültigen Befreiung aus, ohne dass sie einen Unterschied zwischen sich selbst und anderen machten.

Von Menschen, die diese hoch entwickelte Stufe der spirituellen Übung erreicht haben, sagt man, sie seien „in den Strom eingetreten" und der Wille zur Erleuchtung offenbare sich in ihnen. Sie sind sogenannte Edle, *āryas*. In den traditionellen Texten finden sich eine Reihe weiterer Entwicklungsstadien, die noch zu durchlaufen sind. Jedoch führen jene Mitglieder des Edlen Sanghas (Ārya-Sangha) bereits ein Leben auf einem so hohen Niveau, dass die meisten von uns hierin keinen Unterschied mehr erkennen können. „Wie könntest du denen folgen, die wie Vögel am Himmel keine Spuren hinterlassen?"

WACHSTUM UND ENTFALTUNG DES SANGHAS

Die ersten Schüler des Buddha waren wandernde Bettelmönche wie er selbst, doch schon bald wollten Laienanhänger mit weltlichen Berufen seinem wachsenden Sangha beitreten. Nicht alle von ihnen wollten „fortgehen" in das Leben eines Hauslosen, dennoch machten viele erstaunliche spirituelle Fortschritte. Die Pali-Schriften nennen z. B. die Namen von 21 vollkommen erleuchteten Laien und von vielen Dutzend anderen, die zumindest die Stufe der Strom-Eingetretenen erreichten.

Es dauerte nicht lange, bis sich innerhalb des Sanghas vier Gruppen bildeten: Mönche *(bhikkhus)*, Nonnen *(bhikkhunīs)* sowie männliche und weibliche Laienanhänger. Obgleich die einzelnen Gruppen verschiedene Lebensweisen wählten, wurde der Sangha doch immer als eine Einheit gesehen.

Brüder, diese vier Personen voller Weisheit und Einsicht, wohldiszipliniert, gebildet (im Dharma) und von vollendeter Rechtschaffenheit werfen ein strahlendes Licht auf den Sangha. Wer sind diese vier? Brüder, es sind der Mönch, die Nonne, der Laienanhänger und die Laienanhängerin, die voller Weisheit und Einsicht sind, wohldiszipliniert, gebildet, von vollendeter Rechtschaffenheit, und die ein strahlendes Licht auf den Sangha werfen. Brüder, diese vier Weisen werfen in der Tat ein strahlendes Licht auf den Sangha. [10]

Anfangs war die Ordination zum Mönch und der Eintritt in die wachsende spirituelle Gemeinschaft des Buddha sehr einfach. Jemand erklärte seine Absicht, Zuflucht zu den Drei Juwelen zu nehmen, und der Buddha antwortete schlicht: „Komm, *bhíkkhu*, lebe das spirituelle Leben, um zum völligen Ende des Leidens zu gelangen." Und der so Angesprochene „ging fort" und wurde ein Mitglied des *bhíkkhu*-Sanghas.

Doch einige Zeit nach dem Tod des Buddha, trat eine Veränderung ein. Die Gemeinschaft der heimatlosen Wanderer begann, sich in Klöstern niederzulassen. Der schlichte *prati-mokṣa* wurde in einen detaillierten Kodex monastischer Disziplin verwandelt und entwickelte sich nach und nach zu einer gelegentlich etwas legalistisch wirkenden umfangreichen Textsammlung. In ihrer englischen Übersetzung umfasst sie sechs dicke Bände und regelt mit akribischer Genauigkeit sämtliche Einzelheiten des klösterlichen Lebens. Einzelne Zweige des monastischen Ordens folgten einem anderen (obgleich sehr ähnlichen) Regelwerk. So entstanden insgesamt mindestens 227 Regeln für Mönche und 311 Regeln für Nonnen.

Als religiöse Profis sozusagen, die ihre gesamte Zeit dem spirituellen Leben widmeten, war es der klösterliche Orden, der den Dharma bewahrte und überlieferte. Und es war ganz natürlich, dass sie tendenziell besonders diejenigen Lehren pflegten und weitergaben, die sie selbst am meisten interessierten. Nach einiger Zeit beschränkte der klösterliche Orden die Bezeichnung Sangha allein auf sich selbst, so dass damit heute in einigen Teilen der buddhistischen Welt ausschließlich der Mönchsorden, der *bhíkkhu*-Sangha, gemeint ist (weil dort die Gemeinschaften der Nonnen inzwischen ausgestorben sind).

Dieses rigide Verhalten einiger Teile des frühen klösterlichen Ordens führte etwa 140 Jahre nach dem Tod des Buddha zur ersten größeren Spaltung im Orden. Auf der einen Seite standen die *sthávaravādins* oder „Schule der Älteren" (d. h. der älteren Mönche), nach deren Meinung der Buddhismus hauptsächlich, wenn nicht sogar ausschließlich, eine Religion für

Mönche war. Sie alleine besaßen das Recht zu entscheiden, was Buddhismus war und was nicht, und sie strebten danach, ihre Version der Lehren des Buddha der gesamten buddhistischen Gemeinschaft vorzuschreiben. Auf der anderen Seite standen die *mahāsāṃgikas*, „die Anhänger des Großen Sanghas". Sie waren die liberale Partei, die alle vier Teile des Sanghas repräsentierte – Mönche, Nonnen sowie männliche und weibliche Laienanhänger. Sie bestanden darauf, dass der Dharma zum Wohle aller gelehrt worden war, unabhängig von sozialem oder klerikalem Status. Mithin lag das Recht, die wahre Natur der Lehren zu bestimmen, bei der Gemeinschaft aller Buddhisten, und nicht nur bei einer einzigen Gruppe. Um eine einheitliche Version der Lehren des Buddha zusammenzutragen, sollten somit alle überlieferten Traditionen berücksichtigt werden, einschließlich der Überlieferungen, die in der Laienschaft gepflegt wurden.

Außerdem erklärte diese Strömung, dass es ein gemeinsames spirituelles Ideal für alle geben sollte, und nicht ein höheres für Mönche und Nonnen und ein niedrigeres für die Laien. Da die *mahāsāṃgikas* allem Anschein nach, die größere Partei bildeten, vertraten sie die damaligen buddhistischen Strömungen wahrscheinlich in repräsentativerer Weise als die *stháviravādins*, zu denen nur die älteren Mönche einer bestimmten Gruppe von Klöstern zählten.

So entstanden mit der Zeit aus verschiedenen Gründen zwei Schulrichtungen. Eine Reihe von auf die *stháviravādins* zurückgehenden Schulen, wurden von ihren Gegnern im Nachhinein zusammenfassend als Hīnayāna oder „Kleiner Weg" bezeichnet. Auch aus dem Kreis der *mahāsāṃgikas* entstanden mehrere Schulen, die sich als gemeinsame Bewegung Mahāyāna oder „Großer Weg" nannte. Ihnen lag klösterlicher Formalismus fern, und sie waren darum bemüht, die Lehren des Buddha mehr im Geist ihres Ursprungs aufzufassen.

Angetrieben vom Universalismus und Optimismus seiner Gründung, entwickelte das Mahāyāna für alle Anhänger des

Buddha ein gemeinsames spirituelles Ideal, das seine Inspiration ebenso sehr aus dem lebendigen persönlichen Vorbild des Buddha bezog wie aus der Erinnerung an seine Lehren. Dies war das Ideal des *bódhisáttvas* – eines Menschen, der um des Wohls aller lebender Wesen willen nach Erleuchtung strebt. Gleichzeitig entwickelte es einen Übungsweg, der für Mönche und Laien gleichermaßen galt – den Pfad der *pāramitās* oder „Vollkommenheiten", der in seiner bekanntesten Form eine Liste von sechs Tugenden darstellt. Das Mahāyāna strebte danach, den spirituellen Individualismus zu überwinden, der den Sangha befallen hatte. Zu diesem Zweck formulierte er die Zielvorstellung, nicht nur zum eigenen Wohl, sondern zum Wohl aller Lebewesen tätig zu sein. Die Sechs Vollkommenheiten, durch deren Übung ein werdender *bódhisáttva* dieses Ziel erreichen will, sind: Großzügigkeit, Ethik, Geduld, Energie, Meditation und Weisheit.

Weil das Mahāyāna so großen Wert darauf legte, dass alle, ob Mönche oder Laien, *bódhisáttvas* und damit potentielle Buddhas werden können, verringerten sich die Spannungen zwischen den verschiedenen Gruppen innerhalb des Sanghas. Diese waren nun geeint durch das Verfolgen eines gemeinsamen spirituellen Ziels und das Üben der gleichen oder zumindest ähnlicher spiritueller Methoden. Manche Mahāyānisten lebten als Mönche nach klösterlichen Regeln, die sich von denen der konservativen *stháviravādins* und ihrer Nachfolger nicht sonderlich unterschieden; andere lebten als Laien mit familiären Aufgaben.

Von den *stháviravādins* hat bis heute nur die Strömung des Theravāda-Buddhismus überlebt, der in Südostasien vorherrscht, während die verschiedenen Formen des tibetischen und sino-japanischen Buddhismus sämtlich Abkömmlinge des Mahāyāna sind.

Seit jener Zeit spielten sich die dramatischeren und spektakuläreren Entwicklungen des Buddhismus alle innerhalb des Mahāyāna ab, während sich die sogenannten Hīnayāna-

Schulen primär damit beschäftigten, die grundlegenden Lehren des Buddha zu bewahren (wofür ihnen alle Buddhisten zutiefst dankbar sein sollten), den *Ábhidhárma*, ein Werk von monumentaler intellektueller Dimension, zu entwickeln und den *Vínaya*, den monastischen Verhaltenskodex, auszuarbeiten.

DIE ENTFALTUNG DER SPIRITUELLEN SCHÄTZE DES ĀRYA-SANGHAS

Die Entwicklung des Mahāyāna bereicherte den Ārya-Sangha um die Figur des *bódhisáttvas*. *Bódhisáttvas* sind menschliche oder auch über-menschliche Wesen, die ihr Leben dem Ziel der Erleuchtung gewidmet haben – nicht nur der eigenen, sondern der aller Lebewesen.

Je länger die menschliche Gestalt des historischen Buddha der Vergangenheit angehörte, desto stärker verlagerte sich der Schwerpunkt der Verehrung von der Person des Buddha zum Ideal der Buddhaschaft an sich. Buddhaschaft wiederum wurde unter verschiedenen Aspekten gesehen, wie etwa dem der Weisheit und dem des Mitgefühls. Diese Aspekte entwickelten sich dann in der spirituellen Vorstellungskraft zu eigenständigen Verkörperungen von Buddhaschaft weiter. Sie entstehen aus der Leerheit als transzendente Buddha-Gestalten mit strahlenden Lichtkörpern, und ihre besonderen Qualitäten strahlen in sämtliche Richtungen von Raum und Zeit aus. So wird zum Beispiel Mitgefühl in der Gestalt des Buddha Amitābha dargestellt, des Buddha des Ewigen Lichts, der – ganz aus warmem, rotem Licht – wie die untergehende Sonne strahlt.

Im Lauf der Zeit entstanden insgesamt fünf derartige Buddha-Gestalten, die sich in einem Mándala, einer schematischen Anordnung, offenbarten. Ihre erleuchteten Eigenschaften wurden immer weiter ausdifferenziert, so dass um jede dieser Buddha-Gestalten eine spirituelle Familie entstand: die transzendenten *bódhisáttvas*. Sie werden als Söhne und

Töchter der Buddhas betrachtet, die mit der strahlenden Qualität ihrer von Mitgefühl geleiteten Handlungen zum Wohl aller Lebewesen das spirituelle Firmament erleuchten.

Die bekannteste dieser transzendenten *bódhisáttva*-Gestalten ist Avalókitéschvara, ein Sohn des Buddha Amitābha und das Urbild von universellem Mitgefühl. Avalókitéschvara erscheint in der Gestalt eines jungen indischen Prinzen, der ganz aus strahlendem weißen Licht gemacht ist. Reich geschmückt sitzt er in Meditationshaltung und repräsentiert mit seinen vier Armen das aktive Wirken von erleuchtetem Mitgefühl in der Welt. Wie jede der Gestalten des Mándala wird auch Avalókitéschvara mit einem bestimmten Mantra in Verbindung gebracht. Mantras sind Klangsymbole, so wie die Buddha-Gestalten als Lichtsymbole zu verstehen sind. Das Mantra von Avalókitéschvara – OṂ MAṆI PADME HŪṂ – ist als Erweckung der Qualitäten von erleuchtetem Mitgefühl in der Welt des indo-tibetischen Buddhismus sehr weit verbreitet.

In Tibet wird Avalókitéschvara unter dem Namen Chenresi (sprich: Tschenrési) verehrt, und sein Mantra findet man im ganzen Land auf Felsen eingemeißelt oder aufgemalt. Mit der Verbreitung des Buddhismus nach China veränderte Avalókitéschvara sein Geschlecht und verwandelte sich in die gütige Kuan Yin, den weiblichen *bódhisáttva* des Mitgefühls, mit elegantem weißem Gewand. In Japan ist Kuan Yin als Kannon oder Kanzeon bekannt. All diese Veränderungen der Form passen hervorragend zu einem *bódhisáttva*, dessen besonderes Kennzeichen es ist, jedem Wesen in der Form zu erscheinen, die seinen Bedürfnissen am besten entspricht.

Etwa eintausend Jahre nach dem Tod des Buddha entwickelte sich, insbesondere im Nordwesten Indiens und in Nepal, das Mahāyāna allmählich zum tantrischen oder Vajrayāna-Buddhismus. Das Vajrayāna (sprich: wádschrajáana) oder der Diamant-Weg verwandelte die Geister, Kobolde und Dämonen, die das Volk in seiner Vorstellungswelt plagten. Es „bekehrte" sie zum Buddhismus, gliederte sie in das Mándala

der Fünf Buddhas ein, was den Ārya-Sangha erneut bereicherte.

Weitere Entwicklungen des Sanghas

Etwa ab dem 13. Jahrhundert verbreitete sich in Japan der
Zen-Buddhismus, und der Ārya-Sangha erweiterte sich um die
Gestalt des Roschi: ein Mensch, der das Hauptziel jener Tradition erreicht hat, die direkte und alles durchdringende Einsicht
in die wahre Natur der Realität. Im technischen Sinne ist ein
Roschi damit zumindest ein Strom-Eingetretener. Ob dies auf
all jene zutrifft, die diesen Titel heutzutage tragen, sei dahin-
gestellt.

Etwa zur gleichen Zeit entwickelte sich in Tibet das System
der Tulkus. Ein Tulku ist ein menschlicher oder über-mensch-
licher *bódhisáttva*, der in menschlicher Form wieder geboren
wurde, um die Menschen zur Befreiung zu führen. Es handelt
sich hier um sogenannte reinkarnierte Lamas (*lama* ist die tibetische Entsprechung des Sanskrit-Begriffs *guru* oder Lehrer).
Das Tulku-System, das eng mit dem tibetischen Feudalsystem
verflochten war, überlagerte sowohl die Tradition der *bódhi-*
sáttvas wie die der klösterlichen Lebensform, und die Tulkus
wurden zu den wichtigsten Lehrern und zur Quelle aller spirituellen (und oft auch weltlichen) Autorität. Tulkus werden oft
mit ihrem Titel „Rimpotsché", d. h. „Kostbares Wesen", ange-
sprochen. Manche Tulkus leben als ordinierte Mönche, andere
heiraten und erfüllen weltliche Pflichten. Ganz gleich, welchen
Lebensstil sie nun gewählt haben, von tibetischen Buddhisten
werden sie alle hoch geachtet und tief verehrt.

In technischem Sinne sind alle Tulkus wieder geborene
bódhisáttvas. Ob dies für jeden gilt, der sich heutzutage als
Tulku bezeichnet, kann man schwerlich eindeutig sagen.
In Japan ordnete im 19. Jahrhundert die neu eingesetzte Meiji-
Regierung an, dass alle Mönche heiraten sollten. Infolgedes-
sen ersetzte das *bódhisáttva*-Gelübde allmählich das Mönchs-

gelübde. Doch da nur derjenige ein *bódhisáttva*-Gelübde ablegen konnte, der direkt mit priesterlichen Tätigkeiten betraut
war, verlor es die verbindende Kraft, die es früher ausgeübt
hatte, und wurde so in vielen Gegenden zum einfachen Kennzeichen religiöser Berufsausübung.

Inzwischen hat der Buddhismus den Westen erreicht und
mit ihm auch all diese verschiedenen Formen des buddhistischen Sanghas. Es gibt tibetische Tulkus und *bhíkṣus**, ameri-
kanische und japanische Roschis sowie britische, thailändische,
burmesische und srilankische *bhíkkhus*. Und in dem Maße, wie
der Buddhismus im Westen neue Wurzeln schlägt, werden sich
als direkte Antwort auf die heute dort vorherrschenden Lebensformen auch neue Modelle eines Sanghas herausbilden.

FRAUEN IM BUDDHISMUS

Insgesamt gesehen nehmen die buddhistischen Schriften zur
Rolle der Frau eine zweideutige Haltung ein. Einerseits ließ
der Buddha keinerlei Zweifel daran, dass Frauen ebenso wie
Männer Erleuchtung erlangen konnten. Er nahm sie in den
klösterlichen Orden auf und machte sie zu *bhíkkhunīs* – etwas,
was zur damaligen Zeit absolut revolutionär war. Andererseits
erfahren wir, dass er dies nur sehr zögerlich tat, und auch erst,
nachdem er dreimal von Ūnanda darum gebeten worden war.
Als er dann endlich die Nonnen zum Orden zuließ, stellte er
für sie Regeln auf, die weit über das hinausgingen, was ihre
Mönchsbrüder zu befolgen hatten.

In den Schriften des Mahāyāna wird mehrfach auf die untergeordnete Qualität einer Geburt als Frau hingewiesen, während sich andererseits in denselben Texten mehrere ironisch
formulierte Geschichten darüber finden, wie ältere Mönche arg
in Bedrängnis geraten und sich schließlich geschlagen geben

---

*   Bhikṣu (sprich: bíkschu) ist der Sanskrit-Begriff für bhíkkhu (Pali)
    und bedeutet „Mönch".

müssen, als ihnen jüngere Frauen vorwerfen, dass sie deren Fähigkeiten, die Lehren zu meistern, nicht anerkennen.

Im Theravāda ist die Traditionslinie der vollen *bhikkhunī-*Ordination ausgestorben. In Tibet hatte sie ohnehin nie erfolgreich Fuß fassen können, und so überlebt sie heute nur in der chinesischen Tradition. Es gibt Frauen, die ein monastisches Leben als *anis* bei den Tibetern bzw. als *maejis* in Thailand führen, doch gilt ihr Status als deutlich niedriger als der von „voll ordinierten" Mönchen, die (zumindest äußerlich) nach den althergebrachten Mönchsregeln leben. Auch ihre materielle Versorgung und Unterbringung ist, vorsichtig ausgedrückt, eher karg.

In der buddhistischen Praxis des Westens jedoch zeigt sich ein ganz anderes Bild, und die überwiegende Mehrheit aller buddhistischen Organisationen bietet hier Frauen und Männern einen völlig gleichgestellten Zugang.

Bei manchen Frauen im Westen und zunehmend auch im Osten gibt es deutliche Bestrebungen, die Tradition der *bhikṣunī*-Ordinationen* wieder zu beleben, etwa indem man die intakte chinesische Übertragungslinie, die angeblich ohne Unterbrechung bis zu den ersten ordinierten Frauen aus der Zeit des Buddha zurückgeht, in den Theravāda- oder tibetischen Buddhismus „importiert". Man kann unmöglich sagen, ob diese Übertragungslinie tatsächlich keinerlei Bruch aufweist. Doch auf jeden Fall befinden sich die Frauen, die diese Art der Ordination wiederbeleben wollen, in keiner leichten Lage. Einerseits streben sie nach der Gleichwertigkeit mit ihren monastischen Brüdern. Um diese zu erreichen soll ja gerade die traditionelle *bhikṣunī*-Ordination wieder belebt werden. Doch eine derart wieder belebte Tradition würde sie unzweifelhaft in eine untergeordnete Position gegenüber den Mönchen bringen. Eine der unumstößlichen Ordensregeln würde ihnen bei-

---

* Die Begriffe *bhikṣunī* (Sanskrit, sprich: bíkschunii) und *bhikkhunī* (Pali) bedeuten beide „Nonne".

spielsweise vorschreiben, dass eine Nonne, „auch wenn sie hundert Jahre länger ordiniert wäre", in allem selbst dem jüngsten Mönch unterstellt wäre.

Es könnte scheinen, als ob diejenigen Frauen, die innerhalb des Buddhismus ernsthaft nach gleichwertigen Entfaltungsmöglichkeiten suchen, am besten die gesamte Frage der *bhikṣunī*-Ordination ruhen lassen und sich an einem der neuen Modelle von Ordination und Praxis orientieren sollten, die sich derzeit im Westen entwickeln, wo Männer und Frauen das gleiche Gelübde ablegen und die gleichen Möglichkeiten der spirituellen Praxis haben.

Spirituelle Freundschaft

Von Zeit zu Zeit sind Phasen des Alleinseins sehr hilfreich. Doch letztlich kann Buddhismus nicht in völliger Abgeschiedenheit von anderen Menschen praktiziert werden. Sobald man, wie provisorisch auch immer, Zuflucht zu den Drei Juwelen genommen hat, braucht man die Unterstützung von anderen Übenden.

Ein Sangha, eine spirituelle Gemeinschaft, besteht aus Männern und Frauen, die ein gemeinsames Ideal teilen: Sie nehmen alle zu den Drei Juwelen Zuflucht. Sie sind zusammengekommen, weil sie alle nach dem Ziel der Erleuchtung streben, weil sie förderliche Geistesverfassungen kultivieren und schädliche vermindern wollen. Auf der Grundlage dieses mit anderen geteilten höchsten Ideals gehen sie miteinander spirituelle Freundschaftsbeziehungen ein. Spirituelle Freundschaft, *kalyāṇa-mitratā*, ist eine Freundschaft (*mitratā*), die ihrem Charakter nach heilsam, schön und vornehm (*kalyāṇa*) ist.

Man kann zwei Arten von spiritueller Freundschaft unterscheiden: die „horizontale" spirituelle Freundschaft zwischen Menschen, die mehr oder weniger auf der gleichen Stufe spiritueller Entwicklung stehen, und die „vertikale" spirituelle Freundschaft zwischen Menschen auf unterschiedlichen Entwicklungsstufen. Beides ist nötig, spirituelle Führer sowie Gefährten, die die spirituellen Mühen und Erfolge miteinander teilen.

Wir haben bereits gesehen, dass auch der Buddha seine Wanderungen stets zusammen mit einem engen Gefährten unternahm. Meistens war dies sein Freund und Cousin Ūnanda. Eines Tages wandte sich Ūnanda nach langem, tiefem Nachdenken plötzlich an den Buddha und rief aus:

Herr, ich habe gerade nachgedacht: Spirituelle Freundschaft ist mindestens die Hälfte des spirituellen Lebens!

Der Buddha erwiderte:

Sagt das nicht, Ananda, sagt das nicht. Spirituelle Freundschaft ist das ganze spirituelle Leben![11]

Dafür gibt es mehrere Gründe. Erstens: Man lernt den Weg zur Erleuchtung im wesentlichen von anderen. Auf diese Weise wurde der Dharma die letzten zweieinhalb Jahrtausende bewahrt: Lehrer haben ihr Wissen und ihre Erfahrungen in einer ununterbrochenen Kette spiritueller Freundschaften, die bis zum Buddha selbst zurückreicht, an ihre Schüler weitergegeben. Ohne diese Freundschaften wäre der Weg zur Erleuchtung im Nebel der Zeiten verloren gegangen.

Zweitens bietet spirituelle Freundschaft eine gute Gelegenheit, über sich selbst hinauszuwachsen, indem man die Bedürfnisse eines anderen über seine eigenen stellt. Es ist leicht gesagt, dass unsere Vorstellung von einem Ich letztendlich eine Illusion darstellt und dass wir uns deshalb um andere genauso kümmern sollten wie um uns selbst. Das tatsächlich in die Praxis umzusetzen ist sehr viel schwieriger. In einer gefestigten spirituellen Freundschaft jedoch fällt es wesentlich leichter, die Bedürfnisse wenigstens *eines* Menschen über die eigenen zu stellen. Und das ist doch ein sehr guter Anfang.

Einmal besuchte der Buddha seinen Freund und Cousin, den Mönch Ūnurúddha, sowie zwei seiner Freunde, die gemeinsam im „Östlichen Bambuspark" lebten:

*„Ich hoffe, dass ihr miteinander in Eintracht lebt, so fried-
lich und ohne Streit wie Milch und Wasser, und euch mit
Wohlwollen betrachtet." – „Das tun wir ganz bestimmt",
antwortete Anuruddha. „Es ist für mich ein großes Glück,
mit solchen spirituellen Freunden zu leben. Sowohl vor
anderen als auch unter uns bedenke ich sie mit liebevollen
Handlungen, Worten und Taten. Ich denke bei mir: Weshalb sollte ich nicht hintanstellen, was ich zu tun vorhabe,
und nur das tun, wonach ihnen der Sinn ist? Und so han-
dele ich entsprechend. Wir haben verschiedene Körper, doch
nur einen Geist, glaube ich."[12]*

In diesem Zusammenhang stellt sich auch die Frage von Offen-
heit und Kommunikation. Das Leben vieler Menschen hat eine
private Seite, die sie anderen nur ungern offenbaren. Vielleicht
schämt man sich für bestimmte Verhaltensweisen – grundlos
oder mit gutem Grund –, oder es gibt Dinge, die man nicht
ausdrücken kann, weil man sie selbst kaum versteht. Im Gespräch mit Freunden können einem diese verborgenen Seiten
der eigenen Psyche klarer werden, und man kann ein tieferes
Verständnis von sich selbst gewinnen. Dies ist ein wichtiger
Schritt auf dem Weg, die festen Vorstellungen eines Selbst aufzugeben. Doch in der Gegenwart von Fremden oder von
Menschen, die unsere Ideale nicht teilen, kann dieses Loslassen
sehr schwierig sein.

Überdies ist es leicht möglich, dass man sich im Hinblick
auf seine spirituelle Praxis etwas vormacht, dass man die Zügel
schleifen lässt und so tut, als ob kleine (oder auch große) Fehl-
tritte keine Bedeutung hätten. In einem Rahmen, wo Ideale
gemeinsam gepflegt werden, fällt es leichter, diese tatsächlich
lebendig zu halten. Bei einem Rückfall kann ein Freund mit
Ermunterung oder Ermahnung zur Seite stehen.

Eine Atmosphäre von Wärme und Vertrauen, die für das
Funktionieren jeder spirituellen Gemeinschaft so entscheidend
ist, kann nur auf der Grundlage tiefer, wirksamer spiritueller
Freundschaften entstehen. Diese zu entwickeln ist in unserer

modernen westlichen Gesellschaft besonders vonnöten, die so häufig von Entfremdung, Einsamkeit und Isolation gekennzeichnet ist.

Die Pflege wirksamer spiritueller Freundschaft ist ein wesentliches Element buddhistischer Praxis. Ohne sie bliebe die Idealvorstellung des Sanghas eine bloße Utopie.

4. Buddhistische Ethik

Karma

Wie ich bereits erläutert habe, ist die Doktrin vom bedingten Entstehen die wichtigste buddhistische Lehre. Alles entsteht in Abhängigkeit von bestimmten Bedingungen, kein Ding besitzt ein festes und letztgültiges Wesen – und das schließt uns selbst ein. Was wir heute sind, ist das Ergebnis von bestimmten Bedingungen in der Vergangenheit. Was wir in Zukunft sein werden, wird von Bedingungen in der Gegenwart bestimmt. Und einer der wichtigsten Faktoren für unser zukünftiges Sein ist unser gegenwärtiges Verhalten: Wir werden zu dem, was wir tun. Diese Tatsache, erkannte der Buddha, macht spirituelles Leben erst möglich. Wenn wir beginnen, unser Verhalten zu ändern, fangen wir an, auch uns selbst zu verändern. Hierin wurzelt alle Kreativität: Wir sind nicht dazu verurteilt, vergangene Verhaltensmuster zu wiederholen und immer wieder von neuem die gleiche alte Persönlichkeit zu erschaffen. Wir können aus uns etwas Neues machen. Jeder Augenblick bietet eine endlose Reihe von Möglichkeiten.

Was wir aus uns machen und was wir werden, wird von der Qualität unseres Karmas – unserer Willenshandlungen – bestimmt. Das buddhistische Gesetz des Karmas wird oft missverstanden als eine Art von universeller göttlicher Vergeltung. Dabei besagt es einfach, dass unsere Willenshandlungen unweigerlich Folgen für uns haben. Im Grunde handelt es sich hier um eine Erweiterung der grundlegenden Lehre vom bedingten Entstehen.

Nach Ansicht des frühen Kommentators Atthasálini gibt es fünf Arten (*niyamas*) der Bedingtheit, deren genauere Untersuchung etwas mehr Licht in die buddhistische Vorstellung von Karma bringt.

Die erste und grundlegende Art von Bedingtheit bezieht sich auf das „anorganisch Physische". Hierunter fallen alle Gesetze, nach denen Materie auf einer anorganischen Ebene funktioniert, wie beispielsweise die Gesetzmäßigkeiten der Physik und Chemie.

Die nächste, etwas höhere Ebene ist die des „organisch Physischen", zu der alle Gesetze der Biologie gehören.

Als nächstes kommt die „psychologische" Ebene. Hierzu gehören alle Gesetzmäßigkeiten, die das unwillkürliche, instinktive Verhalten unseres Geistes regieren. Ein Beispiel hierfür wäre die Tatsache, dass unsere Hand zurückzuckt, wenn wir etwas sehr Heißes berühren.

Darüber liegt die Ebene des Karmas, die alle Gesetzmäßigkeiten umfasst, nach denen Willenshandlungen das Bewusstsein beeinflussen.

Und zuletzt gibt es die Ebene des Dharmas. Hier geht es um das, was man als „transzendente" Bedingtheit bezeichnen könnte. Diese Art der Bedingtheit wird im Wesentlichen von den Mitgliedern des Ārya-Sanghas erlebt. Da uns diese Ebene der Bedingtheit nur dann betrifft, wenn wir mit solchen erleuchteten Wesen in Beziehung stehen – und selbst dann würden wir wohl nichts davon wahrnehmen können –, wollen wir hier nichts weiter dazu sagen.

Die ersten drei Ebenen der Bedingtheit – die anorganisch physische, die organisch physische und die psychologische – kennen wir aus Experimenten des naturwissenschaftlichen Unterrichts unserer Schulzeit. Die heutigen Erkenntnisse über diese Wissensgebiete reichen tiefer als zu irgendeiner Zeit in der Geschichte. Doch zugleich machen wir uns nur sehr bruchstückhafte, wenn nicht gar primitive Vorstellungen von der karmischen bzw. ethischen Dimension des Lebens. Demgegenüber gründet sich der Buddhismus – vielleicht sogar in erster Linie – auf dem Verstehen der Wirkungsweise dieser karmischen Bedingtheit. Schließlich liegt es dem Buddhismus in ganz besonderer Weise am Herzen, dass wir diejenigen Verhaltensweisen ändern können, die uns an *saṃsāra*, die bedingte, leidbringende Existenz, fesseln.

Die Tatsache, dass unser Sein von unserem Verhalten bedingt wird, bildet das Kernstück der buddhistischen Ethik. Dabei kommt es nicht nur darauf an, was wir tun. Entscheidend ist vielmehr, aus welcher Geisteshaltung heraus wir handeln.

Die buddhistische Ethik ist eine Intentionsethik. Handlungen selbst sind neutral. Entscheidend ist die Geisteshaltung, der Willensimpuls hinter der Handlung. Im Buddhismus spricht man nicht von richtig oder falsch, gut oder böse. Statt dessen spricht man von förderlichen oder schädlichen Absichten. Förderliche Absichten, die aus Großzügigkeit, Liebe und Klarheit erwachsen, bewirken karmisch positive Ergebnisse. Sie führen uns von Verblendung weg und zu Erleuchtung hin. Schädliche Absichten, die in Begehren, Hass und spiritueller Verblendung gründen, lassen uns weiter in *saṃsāra* kreisen in einer endlosen Schleife sich wiederholenden gewohnheitsmäßigen Verhaftetseins.

Der Buddhismus unterscheidet zwischen „natürlicher" und „konventioneller" Moral. Mit konventioneller Moral sind all die Regeln und Gebräuche gemeint, die die Verhaltensnorm einer bestimmten Gruppe ausmachen. Sie sind je nach Zeit und Ort verschieden: Manche Kulturen pflegen die Polygamie, während andere sie verabscheuen. Christen haben nichts gegen Schweinefleisch, das Moslems und Juden abstoßend finden. Konventionelle Moral kann als Reaktion auf bestimmte gesellschaftliche Verhältnisse entstehen; doch neigt sie dazu, ihre ursprünglichen Anlässe zu überdauern. Es gibt beispielsweise keinerlei hygienische Gründe mehr, den Genuss von Schweinefleisch abzulehnen, und dennoch wird man in Jiddha oder Jerusalem nichts davon wissen wollen.

Natürliche Moral hingegen basiert auf den Tatsachen der menschlichen Psychologie sowie auf der Wirkungsweise karmischer Gesetzmäßigkeiten. Ob eine Handlung als förderlich oder schädlich betrachtet wird, hängt im Sinne der natürlichen Moral nicht von den Ansichten oder Gewohnheiten einer Gruppe ab, sondern davon, ob sie zu spirituell zuträglichen Ergebnissen führt. Förderliche Handlungen führen uns aus *saṃsāra* hinaus. Sie führen zu mehr geistiger Weite, Klarheit und Glück, kurzum geringerer Ichbezogenheit. Schädliche Handlungen verstärken unsere Ichbezogenheit: Sie machen uns eng, führen zu weiterer Verhaftung und binden uns somit fester an *saṃsāra*. Mit einem Wort: Ob eine Handlung als förderlich oder schädlich bezeichnet werden kann, hängt davon ab, ob sie uns zur Erleuchtung hin oder von ihr weg führt.

WIEDERGEBURT

Der Buddhismus lehrt, dass wir die Ergebnisse unseres Karmas nicht immer sofort erleben. Seine Früchte mögen wir erst viel später, vielleicht sogar erst in einem zukünftigen Leben ernten. Zu allen Zeiten hat der Buddhismus gelehrt, dass der Prozess des „Wieder-Werdens" nicht nur in diesem Leben abläuft, wo wir uns von Moment zu Moment ständig neu erschaffen, sondern dass unsere Willenshandlungen sogar über die scheinbare Barriere des Todes hinaus Einfluss darauf haben, in welcher Weise wir wieder geboren werden.

Wiedergeburt in diesem Sinne ist nicht das gleiche wie Reinkarnation. Es gibt keine feste, unwandelbare spirituelle Essenz, welche sich ein neues Zuhause in einem anderen Körper sucht, nachdem der vorherige verbraucht ist. Vielmehr ist es so, dass sich eine ununterbrochene Folge von Veränderungen etwa in der Weise fortpflanzt, wie eine Flamme sich von Zweig zu Zweig durch einen trockenen Busch frisst. Es ist nicht dieselbe Flamme, die an jedem Zweig brennt. Die Flamme hört niemals auf sich zu verändern, und in entsprechender Weise ist es nicht dasselbe „Ich", das wieder geboren wird.

Im Westen können manche Buddhisten dieses Konzept von Wiedergeburt nur schwer akzeptieren. Da es dafür keinerlei empirische Beweise gibt, argumentieren sie, dass man bei diesem Thema einen agnostischen Standpunkt einnehmen muss. Andere behaupten, dass es sehr wohl einige, wenn auch spärliche, Hinweise gebe, ob empirisch oder nicht, die die Tatsache der Wiedergeburt untermauern würden.[13] Sie führen eine Reihe wissenschaftlicher Untersuchungen zu diesem Thema an, Fälle von Rückerinnerung unter Hypnose, unwillkürliche Erinnerungen an Einzelheiten aus vergangenen Leben, Nahtod-Erfahrungen sowie Beispiele von Wunderkindern wie Mozart, der bereits mit vier Jahren Musikstücke komponieren und vortragen konnte. Manche verfechten auch die Meinung, es gäbe mehr Anzeichen, wenngleich noch unsichere, für ein Fortbestehen des Bewusstseins nach dem Tod als für sein Erlöschen, was allerdings *per definitionem* keiner weiteren empirischen Untersuchung zugänglich ist.

Ganz gleich jedoch, was wir im Westen glauben, hat es in den letzten zweieinhalb Jahrtausenden keinen nennenswerten buddhistischen Lehrer gegeben, wie eigenwillig seine Ansichten auch sonst gewesen sein mögen, der die Vorstellung von Wiedergeburt in Frage gestellt hätte. Es war und bleibt eine buddhistische Grundlehre.

Wenn wir unsere eigenen Erfahrungen gründlich erforschen, können wir sehen, wie sich der Prozess des Wieder-Werdens im Rahmen dieses einen Lebens abspielt. In der Tat scheint es so, als ob wir ständig sterben und wieder geboren würden. Wir „werden" immer wieder neu, niemals bleiben wir von einem Tag zum anderen vollkommen dieselben. So gesehen, scheint die Ansicht, dass unsere Willensimpulse, die unser ständiges Wieder-Werden bestimmen, auch nach unserem Tod weiterwirken, keineswegs anmaßender zu sein, als jene Idee, die wir auf Grund unserer westlichen Konditionierung für so selbstverständlich halten: dass irgendwie zwischen Empfängnis und Geburt aus dem Nichts heraus zum ersten Mal unser Bewusstsein entstehe. Obgleich wir diese Theorie akzeptieren mögen und sie vielleicht sogar für „wissenschaftlich" halten; in Wirklichkeit spricht diese Auffassung jedoch von einer sehr wundersamen Erscheinung: Aus dem Nichts entsteht gleich einem Wunder das Bewusstsein. Vielleicht ist die Lehre von der Wiedergeburt letztlich doch gar nicht so seltsam.

Mit der Vorstellung von Wiedergeburt ist ein sehr tröstlicher Gedanke verbunden: Keine spirituelle Anstrengung ist umsonst. Jede unserer Bemühungen, uns zu entwickeln, bleibt sozusagen erhalten und wird zu geeigneter Zeit ihre Früchte tragen. Mit anderen Worten: Alles, was wir tun, zählt – es lohnt sich also immer, nach förderlichen Handlungsalternativen zu suchen.

Doch wie dem auch sei, man muss nicht unbedingt an Wiedergeburt glauben, um Buddhist sein zu können. Falls man nicht daran glaubt, muss man allerdings davon überzeugt sein, dass Erleuchtung innerhalb dieses einen Lebens möglich ist!

Die Fünf Vorsätze

Unser Verhalten hat karmische Folgen, die sich auf unsere Fortschritte auf dem spirituellen Pfad auswirken. In dem Maße, wie wir noch unerleuchtet sind, können wir nicht immer sicher sein, dass unsere Willensimpulse auch hilfreich oder förderlich sind. Manchmal kennen wir nicht mal selbst unsere wahren Motive. Daher brauchen wir ethische Richtlinien, an die wir uns halten können. Die Liste der Fünf Vorsätze bietet eine derartige Hilfestellung. Sie beschreibt, wie sich ein erleuchteter Mensch auf natürliche und spontane Weise verhält. Wenn wir erleuchtet werden wollen, sollten wir versuchen, diese Arten des Verhaltens nachzuahmen. Denn eine Veränderung des Verhaltens führt zwangsläufig zu einer Veränderung des Bewusstseins.

Bei diesen Vorsätzen handelt es sich nicht um Regeln oder Gebote. Niemand überwacht und kontrolliert, ob unser Verhalten tatsächlich den Anforderungen entspricht. Im Unterschied zu den Zehn Geboten schreiben sie nicht vor, was alle Buddhisten tun sollten. Man nimmt sie auf völlig freiwilliger Basis als „Übungsgrundsätze" an. Im Buddhismus gibt es verschiedene Arten und Zusammenstellungen von Vorsätzen, doch sind die Fünf Vorsätze, die wir hier in einer Übersetzung aus der klassischen Pali-Form vorstellen, die am weitest verbreiteten:

Ich übe mich in dem Grundsatz, nicht zu töten.
Ich übe mich in dem Grundsatz, nichts zu nehmen, was
mir nicht gegeben wurde.
Ich übe mich in dem Grundsatz, mich von sexuellem
Fehlverhalten fernzuhalten.
Ich übe mich in dem Grundsatz, nicht falsch zu reden.
Ich übe mich in dem Grundsatz, mich von berauschenden
Mitteln fernzuhalten.

Einige Buddhisten im Westen haben zu diesen Vorsätzen positive Entsprechungen formuliert:

Mit Taten liebevoller Güte läutere ich meinen Körper.
Mit vorbehaltloser Großzügigkeit läutere ich meinen
Körper.
Mit Stille, Schlichtheit und Genügsamkeit läutere ich meinen Körper.
Mit ehrlicher und wahrhaftiger Sprache läutere ich meine
Rede.
Mit hellwacher Achtsamkeit läutere ich meinen Geist.

Diese Vorsätze sind Leitlinien für die sprirituelle Praxis. Insofern sind sie das, was den Prozess der Zufluchtnahme zu den Drei Juwelen ins Alltagsleben hineinträgt. Sie bieten der Zufluchtnahme praktische Ausdrucksmöglichkeiten und geben ihr so eine Realität. Man bleibt nicht dabei stehen, dass man sich gern in Richtung Erleuchtung entwickeln würde, sondern

man ändert durch die allmähliche Verinnerlichung dieser
Vorsätze sein Verhalten solchermaßen, dass es mit den eigenen
Idealen übereinstimmt. Ebenso, wie es vier Ebenen der Zufluchtnahme gibt, gibt es vier entsprechende Ebenen, auf denen
man diese Vorsätze üben kann.

Auf der ethnischen Stufe beschreiben diese Vorsätze einfach
die Verhaltensregeln einer bestimmten Gruppe oder Gesellschaft.
Insofern gehören sie zur konventionellen Moralität und werden
nicht als Richtlinien zur spirituellen Übung aufgefasst. Auf der
provisorischen Stufe akzeptieren Menschen, die den Buddhismus
gerade erst kennengelernt haben, diese Vorsätze und versuchen,
sich in ihrem Leben daran zu halten, um ein besseres Verständnis
davon zu gewinnen, was es mit dem Buddhismus überhaupt auf
sich hat. Sie probieren die Vorsätze in der Praxis aus, um zu
sehen, wie dies ihr Leben beeinflusst. Auf der effektiven Stufe
geht man die innere Verpflichtung ein, sich an diese Vorsätze zu
halten. Obwohl man immer noch in *saṃsāra* gefangen ist und
auch weiterhin schädliches Verhalten zeigt, bemüht man sich
ernsthaft um eine umfassende ethische Lebensführung. Auf der
realen Stufe schließlich stimmen die eigenen Handlungen auf
ganz natürliche Weise mit diesen Vorsätzen überein. Sie sind
dann ein Ausdruck des eigenen Seins. Insofern beschreiben die
Vorsätze das natürliche, freie und spontane Verhalten von
Vertretern des Ārya-Sanghas.

1. ICH ÜBE MICH IN DEM GRUNDSATZ, NICHT ZU TÖTEN. MIT
   TATEN LIEBEVOLLER GÜTE LÄUTERE ICH MEINEN KÖRPER.

Wer seines Lebens beraubt wird, wird zugleich all dessen beraubt, was ihm lieb und wert ist. Alle Lebewesen gleichen sich
in diesem Lebenswillen. Wer dagegen verstößt, begeht zugleich
den schwersten Verstoß gegen die Goldene Regel: „Was du
nicht willst, dass man dir tu, das füg auch keinem andern zu."

Alle Lebewesen haben Angst vor Strafe; alle fürchten den
Tod. Nachdem man andere mit sich selbst verglichen hat,

*sollte man andere Wesen weder töten noch Ursache für
deren Tötung sein.*

*Alle Lebewesen haben Angst vor Strafe; allen ist ihr Leben
kostbar. Nachdem man andere mit sich selbst verglichen
hat, sollte man andere Wesen weder töten noch Ursache für
deren Tötung sein.*[14]

Der Buddhismus erweitert die Goldene Regel über den Bereich
der Menschen hinaus. Er respektiert den Lebenswillen aller
Lebewesen. Wenn wir ein anderes Wesen bewusst töten oder
verletzen, hören wir auf, uns mit ihm als lebendem Wesen zu
identifizieren. Dann betrachten wir es als bloßes Objekt, als
grundsätzlich getrennt von uns selbst. Dies verfestigt die Spaltung in Subjekt und Objekt und zwingt uns, zu uns selbst zu
rück, in einen Zustand schmerzhafter Verengung. Mit anderen
Worten: Wenn wir töten, rauben wir jemand anderem nicht
nur das, was für sie oder ihn am Wertvollsten ist, sondern wir
schaden auch uns selbst.

In der Liebe jedoch findet eine emotionale Gleichsetzung
zwischen uns selbst und anderen statt. Sie macht die Grenzen
zwischen uns und der Welt durchlässiger und unser ganzes
Erleben, unsere Erfahrung des Lebens selbst wird dadurch
reicher und umfassender.

Buddhisten halten sich nicht nur von Mord und anderen
Gewalttaten fern, sondern sie nehmen auch keine Abtreibun-
gen vor, noch raten sie anderen zu diesem Schritt. Gewöhnlich
ernähren sie sich vegetarisch, kümmern sich um die Umwelt
und das Wohlergehen anderer Lebensformen, und sie beteili-
gen sich nicht am Handel mit Waffen oder anderen Produkten,
die anderen Lebewesen schaden.

2. Ich übe mich in dem Grundsatz, nichts zu nehmen,
   was mir nicht gegeben wurde. Mit vorbehaltloser
   Grosszügigkeit läutere ich meinen Körper.

Wir möchten nicht sterben, und ebenso wenig möchten wir mit
Gewalt unseres Besitzes beraubt werden. Unser Besitz bildet

einen wichtigen Bestandteil unseres Ich-Gefühls und insofern
ist es eine Form von Gewalt, wenn wir jemandem gegen seinen
Willen das wegnehmen, was ihm gehört. Wir sollten nicht nur
den materiellen Besitz anderer respektieren, sondern ihnen
auch nicht Zeit oder Energie stehlen, sofern diese nicht freiwillig angeboten werden.

Statt zu nehmen, können wir auch geben lernen. Unser
Verhalten zielt grundlegend darauf ab, unsere Ich-Identität zu
erhalten, indem wir uns das einverleiben, von dem wir glauben,
dass es zu unserer Sicherheit und unserem Wohlergehen bei-
trägt. Dieser tiefsitzende Trieb, der uns im *saṃsāra* gefangen
hält und die Quelle all unseren Leidens bildet, kann allmählich
durch bewusstes Üben von Großzügigkeit verwandelt werden.
Großzügigkeit ist eine natürliche Ergänzung zu Gewaltlosigkeit, und der buddhistische Pfad kann gleichermaßen als ein
Training zur Gewaltlosigkeit wie zur Großzügigkeit angese-
hen werden. Indem wir Großzügigkeit kultivieren, lockern wir
allmählich die Fesseln der Ich-Bezogenheit.

3. Ich übe mich in dem Grundsatz, mich von sexuellem
   Fehlverhalten fernzuhalten. Mit Stille, Schlichtheit und Genügsamkeit läutere ich meinen Körper.

Zum Thema Sexualität haben die buddhistischen Schriften nicht
viel zu sagen. Mönche und Nonnen legen das Keuschheitsge-
lübde ab, und die Mönchsregeln legen mit großer Genauigkeit
fest, welche Arten von Handlungen dadurch untersagt werden.
Doch für diejenigen, die kein monastisches Leben führen, wird
wenig gesagt. Häufig wird dieser Vorsatz so interpretiert, dass
er Vergewaltigung, Ehebruch und Entführung verbietet. Doch
sein Sinn reicht sicherlich weit darüber hinaus.

Sex ist für alle ein sehr wichtiges Thema. Der Sexualtrieb ist
sehr stark, und er treibt uns zu allen möglichen seltsamen
Verhaltensweisen. Allerdings zeichnet sich die buddhistische
Kultur dadurch aus, dass sie nie versucht hat, Sexualität mit

Hilfe von Schuldgefühlen zu kontrollieren. Man kann sich auf einer Reise durch manche asiatische Länder selbst davon überzeugen, wie erfreulich wenig schuldbeladen dort mit diesem Thema umgegangen wird.

Im Buddhismus wird niemand aufgrund seiner sexuellen Orientierung diskriminiert. Man kann heterosexuell, homosexuell, Onanist, Transvestit oder enthaltsam sein. Ebenso wenig hat der Buddhismus die Kleinfamilie verherrlicht. Heirat ist im Buddhismus kein Sakrament, sondern einfach eine Art gesellschaftlicher Vertrag. Studiert man die verschiedenen buddhistischen Kulturen dieser Welt, findet man gesellschaftlich akzeptierte Formen von Monogamie, Polygamie und Polyandrie. Sie stellen einfach verschiedene Formen der Lebensgestaltung dar.

Der entscheidende Punkt ist, dass man anderen durch sein sexuelles Verhalten nicht schadet oder der Sexualität selbst keinen übergroßen Wert beimisst. In unserer Kultur jedoch nimmt Sex einen völlig unangemessenen Platz ein und erhält einen weit überzogenen Wert; für viele Menschen bildet Sex der Mittelpunkt ihres Lebens. Mit der Zufluchtnahme zu den Drei Juwelen beginnt man jedoch, Sexualität vom Zentrum an den Rand seines Lebens zu verlagern und seine Verhaftung daran abzubauen.

Die Spannung der sexuellen Polarisierung und Anziehung trägt dazu bei, die Dualität von Subjekt und Objekt zu verhärten. Im Zustand sexueller Erregung sehen wir die Person, die Gegenstand unseres sexuellen Verlangens ist, als genau das – als Objekt. Unser Bewusstsein, verharrt niemals sonst so sehr in einem Zustand von banger Getrenntheit, als dann, wenn wir sexuell erregt sind – speziell, wenn unser sexuelles Verlangen nicht erwidert wird. Das trifft auf viele von uns zu. Das Gegenteil dieses Zustands ist innere Zufriedenheit, ein Mit-sich-und-der-Welt-in-Einklang-Sein, das nicht durch die Befriedigung unseres Verlangens erreicht wird, sondern letztlich nur dadurch, dass es gar nicht erst entsteht.

4. Ich übe mich in dem Grundsatz, nicht falsch zu
reden. Mit ehrlicher und wahrhaftiger Sprache
läutere ich meine Rede.

Bildung und Kultur bestehen zu großen Teilen aus einem
Geflecht zwischenmenschlicher Kommunikation. Und damit
Kommunikation wirklich Sinn macht, muss sie auch wahrhaf-
tig sein. Wenn wir nicht darauf vertrauen können, dass das, was
uns mitgeteilt wird, (im umgangssprachlichen Sinn) wahr ist,
dann bräche unsere Gesellschaft ganz schnell zusammen.

Wer lügt, begeht somit einen Akt der Gewalt gegen die
Gesellschaft. Doch durch Lügen schaden wir auch uns selbst.
Meistens lügen wir, um unsere Ich-Identität zu schützen. Lügen drängt uns in eine Selbstschutzhaltung zurück und lässt
uns weiterhin in der engen Sphäre der Sorge um uns selbst
kreisen.

Überdies sind Lügen ein Akt der Gewalt gegen andere. Indem wir ihnen die Wahrheit vorenthalten, stoßen wir sie in
den Nebel der Unwirklichkeit. Durch die Zufluchtnahme zum
Buddha nehmen wir Zuflucht zu demjenigen, der die Wahrheit
über die Welt entdeckt hat und sie verkörpert. Der Dharma *ist*
diese Wahrheit, und die Männer und Frauen, die sich diese
Wahrheit zu eigen gemacht haben, bilden den Sangha. Un-
wahrhaftigkeit ist das genaue Gegenteil dessen, worauf der
Buddhismus als Ganzer abzielt.

5. Ich übe mich in dem Grundsatz, mich von berauschenden Mitteln fernzuhalten. Mit hellwacher
Achtsamkeit läutere ich meinen Geist.

Geistige Klarheit ist eine der Qualitäten, die im Buddhismus
am meisten geschätzt wird. Mit ihrer Hilfe können wir schließlich den Nebel der Verblendung durchdringen, aus dem alles
Leiden in diesem Universum entspringt. Durch geistige
Klarheit können wir uns allmählich von den Fesseln der Un-

wissenheit befreien und anderen dabei helfen, das Gleiche zu tun.

Die Entwicklung geistiger und emotionaler Klarheit steht im Mittelpunkt der buddhistischen Meditationsübung. Wenn sich durch diese Übung der bedrückende Nebel der Verwirrung zu heben anfängt, stellen sich Gefühle der Freude und Befreiung ein. Je mehr man sich der Entwicklung und Erhaltung von Zuständen geistiger Klarheit widmet, desto geringer wird die Neigung sein, diese hart erarbeitete Klarheit um einiger Gläser Alkohol willen zu opfern. Gleichzeitig wächst die eigene Sensibilität, und man bemerkt immer deutlicher die vergiftenden Nebenwirkungen des Alkohols auf den ganzen Körper.

Eine Liste der Betäubungsmittel unserer Zeit dürfte nicht nur Alkohol und Drogen umfassen, sondern sämtliche Aktivitäten, die unseren Geist betäuben, verwirren oder aus der Bahn werfen. Zum Beispiel kann es eine berauschende Wirkung haben, Teil einer Menschenmenge in einem Fußballstadion oder einer Diskothek zu sein. Auch zuviel Fernsehen stumpft den Geist ab. Selbst Einkaufen-Gehen kann eine berauschende Angewohnheit sein.

Gewohnheitsmäßiger Gebrauch von Rauschmitteln führt zu Abhängigkeit. Wenn man jeden Abend ein Glas Whisky trinkt, um sich zu entspannen, kann man das irgendwann nur noch mit diesem Hilfsmittel. Durch die buddhistische Übung lernt man, sich zu entspannen und sich einfach an der gegenwärtigen Geistesverfassung ohne die Hilfe von Rauschmitteln zu erfreuen.

Wer einmal die Verzückung meditativer Versenkung erlebt hat, dem werden die Vergnügen eines künstlichen Rauschzustands wie billige Kopien vorkommen, die vor dem Eingang eines berühmten Kunstmuseums verkauft werden. Warum sollte man sich von ihnen ablenken lassen, wenn drinnen so viele Schätze auf einen warten?

5. MEDITATION

Wir besitzen kein festes Selbst. Wir sind nichts weiter als ein sich ständig wandelnder Fluss von Bedingungen, lose gebündelt zu einem wieder erkennbaren Muster, das wir „Ich" nennen.

Der Prozess des Wandels kann ziellos ablaufen: indem wir auf äußere Umstände reagieren, sobald sie auftauchen, werden wir bald hierhin, bald dorthin getrieben. Auf angenehme Gefühle reagieren wir blind mit begehrendem Verlangen und auf unangenehme Gefühle mit Abneigung. Dabei holt uns fortwährend die verblendete Ansicht ein, wir könnten aus dem fließenden Strom von Umständen das herausfischen, was wir uns wirklich wünschen, und danach wäre damit alles für immer in Ordnung.

Wir können uns aber auch für ein bewussteres Leben entscheiden. Wenn wir wenigstens einen flüchtigen Einblick in die verblendete Ansicht gewonnen haben, Verlangen und Ablehnung könnten irgendwann einmal zu einer endgültigen, unveränderbaren Situation führen, in der alles für immer in Ordnung wäre, dann können wir damit anfangen, uns von den Fesseln dieser Verblendung zu befreien. Indem wir daran arbeiten, Verlangen in Großzügigkeit, Abneigung in Mitgefühl und Verblendung in Weisheit zu verwandeln, erweitern wir unser Gewahrsein auf eine Weise, dass es sich nicht länger um sich selbst dreht, gefangen in den festen, kalten und uns isolierenden Grenzen der Ich-Bezogenheit.

Im vorigen Kapitel habe ich beschrieben, wie unsere Geistesverfassungen unser Verhalten beeinflussen und umgekehrt. In diesem Kapitel möchte ich nun untersuchen, wie wir die

Qualität unserer Geistesverfassungen verändern können, indem wir in der Meditation direkt an ihnen arbeiten. Ich möchte zeigen, wie uns dies helfen kann, Weisheit zu kultivieren, d.h. eine direkte und intuitive Erkenntnis der Realität selbst.

Der traditionelle Ausdruck für Meditation lautet *bhāvanā* – die Entwicklung von Gedanken und Gefühlen. Sie bildet den systematischen Versuch, bestimmte erwünschte Veränderungen der eigenen Geistesverfassungen dadurch hervorzubringen, dass man auf den Geist in all seinen Facetten direkt einwirkt. Es gibt eine große Anzahl verschiedener buddhistischer Meditationsübungen, die sich jedoch ganz allgemein in zwei Hauptgruppen einteilen lassen: *sámatha* und *vipássanā*.

Sámatha-Meditationen zielen darauf, einerseits höhere Geisteszustände zu entwickeln, die durch Integration, Konzentration, Ruhe und positive Emotionen gekennzeichnet sind, und andererseits auch Zustände von tiefer meditativer Versenkung zu erreichen. Das Ziel von *vipássanā*-Meditationen hingegen ist die Entwicklung von Einsicht in die Natur der Dinge.

Wir werden beide Formen nacheinander betrachten. Doch zuvor eine Warnung. Ebenso wenig, wie man das Autofahren durch die Lektüre eines Handbuchs über das Fahrzeug lernen kann, lässt sich Meditation durch bloßes Lesen erlernen. Ich hoffe zwar, Ihnen eine Idee davon vermitteln zu können, worum es bei buddhistischer Meditationsübung überhaupt geht, doch ist es *nicht* mein Anliegen, hier Meditation zu unterrichten. Denn für die persönliche Unterweisung durch einen qualifizierten Lehrer gibt es keinen Ersatz.[15]

SAMATHA

Ich erinnere mich noch, wie ich mich zum ersten Mal zum Meditieren hinsetzte. Es war ein einziges Chaos.

Mir fiel ein, was ich am Vortag gemacht hatte ... dann ein rascher Gedanke ans Abendessen ... dann ein Anfall von Ärger über das, was jemand zu mir gesagt hatte ... dann die Erinnerung an eine Filmszene, die ich eine Woche zuvor gesehen hatte ... die Wahrnehmung eines unangenehmen Gefühls in meiner Schulter ... ein kleiner Anfall von Panik in Bezug auf eine Verabredung, für den nächsten Tag, die ich nicht vergessen durfte ... dann ein Plan, was ich zum Frühstück essen wollte ... dann ein kurzes Aufwallen von Sympathie für den seltsamen Kerl, dem der Gemüsestand auf den Markt gehört ... die Frage, ob Kaffee wirklich schlecht für mich sei ... eine halbe Erinnerung an eine zufällige Begegnung in Paris ... dann die Frage, ob Erfahrung durch Sprache wirklich erfasst werden könne ... die Hoffnung, dass am nächsten Tag die Sonne scheinen würde ... Nachdenken darüber, was mir ein Freund gesagt hatte ... ein irritierendes Gefühl in meinem Knie ... Und all dies in weniger als fünf Minuten.

Derartige Erfahrungen sind normal, wenn man gerade zu meditieren beginnt (sofern man nicht gleich einschläft). Die wirklich ernüchternde Erkenntnis ist die, dass dies die Art und Weise ist, wie unser Geist die ganze Zeit funktioniert, und nicht nur dann, wenn wir innehalten um zu beobachten, was in ihm gerade vorgeht. Unser Geist funktioniert auch dann in der beschriebenen Weise, wenn wir nicht hinsehen.

Dies geschieht, weil wir, wie wir schon gesehen haben, kein einheitliches, integriertes Ich besitzen. Wir sind in mehr oder weniger großem Maße unintegriert, und auf diese Weise leben wir unser Leben. Wir vereinen in uns mehrere „Teil-Ichs" die alle nach unserer Aufmerksamkeit verlangen und miteinander wetteifern, um die vorübergehende Kontrolle über den psycho-physischen Organismus zu erlangen, mit dem wir uns identifizieren. Wenn wir eine gewisse Kontrolle über die generelle Richtung unseres Lebens gewinnen und dadurch schädliche Willensimpulse durch förderliche ersetzen wollen, dann müssen wir zunächst wenigstens ansatzweise ein gewisses Maß an Integration entwickeln.

Geradeso, wie verschiedene sportliche Übungen unterschiedliche Teile unseres Körpers ausbilden, so bringen unterschiedliche Meditationstechniken verschiedene Aspekte unserer Psyche zur Entfaltung. Die Übung der *Vergegenwärtigung des Atems* entwickelt Ruhe und Integration.

DIE VERGEGENWÄRTIGUNG DES ATEMS

Wie für alle hier beschriebenen Meditationsübungen, sollten Sie auch die Übung der *Vergegenwärtigung des Atems* damit beginnen, dass Sie sich an einen ruhigen Ort zurückziehen, an dem Sie nicht gestört werden können, und sich in aufrechter Meditationshaltung hinsetzen. Die meisten Menschen sitzen beim Meditieren auf dem Boden auf einem oder mehreren Kissen mit einer Gesamthöhe von ungefähr 20 Zentimetern. Dabei sind die Beine überkreuzt und die Knie berühren den Boden. Falls ihre Knie in dieser Position nicht auf ganz natürliche Weise den Boden berühren, können Sie sich auch hinknien und dabei ihr Gesäß mit einem Bänkchen von etwa 20 Zentimetern Höhe oder einem gleich hohen Stapel Kissen unterstützen. Falls erforderlich, kann man auch aufrecht auf einem ganz normalen Stuhl sitzen.

Wenn Sie so von unten her eine solide Basis geschaffen haben, richtet sich der Oberkörper ganz von selbst auf, und Hals und Schultern entspannen. Die Hände ruhen auf Ihrem Schoß, wobei die eine leicht in die andere gelegt wird. Die Augen sind geschlossen oder halb geöffnet, und auch der Kopf ruht in einer bequemen Balance aufrecht auf dem oberen Ende der Wirbelsäule. Diese Sitzhaltung ist ausgewogen und entspannt, hält wach und erlaubt einen freien Energiefluss.

Die Übung der *Vergegenwärtigung des Atems* besteht aus vier gleich langen Phasen. Meistens beginnt man zunächst mit insgesamt 10-20 Minuten. Bei regelmäßiger Übung sitzt man normalerweise etwa 40 Minuten oder länger.

Sie beginnen damit, Ihre Aufmerksamkeit auf den Prozess des Atmens selbst zu lenken. Dabei versuchen Sie diesen Prozess nicht zu beeinflussen und die Atemzüge nicht länger oder kürzer zu machen, sondern Sie richten Ihre Aufmerksamkeit einfach auf den gesamten Atemvorgang und betrachten ihn mit zunehmender Wachheit. Um während dieser ersten Phase Ihre Aufmerksamkeit beim Atem zu halten, hilft es, die einzelnen Atemzüge am Ende jedes Ausatems zu zählen. Einatmen, ausatmen und „eins". Einatmen, ausatmen und „zwei" … und so weiter bis „zehn" und dann wieder zurück zu „eins", um wieder von vorn anzufangen. In dieser Phase zählt man fortwährend die Atemzüge am Ende des Ausatmens immer von eins bis zehn.

In der zweiten Phase wird die Übung etwas subtiler. Man zählt nicht mehr so sehr nach dem Ausatmen, als vor dem Einatmen, wiederum von eins bis zehn in einem fort.

In Phase drei hören Sie auf zu zählen und beobachten einfach den Atem, folgen aufmerksam dem gesamten Vorgang. Sie lassen den Atem fließen und erleben das Geschehen mit voller Aufmerksamkeit.

In der vierten Phase richten Sie Ihre Aufmerksamkeit auf den Punkt, an dem Sie zum ersten Mal den Atem in den Körper eintreten spüren. Dies mag ein leichtes Kitzeln an der Nasenspitze sein oder im Innern der Nase oder am oberen Rachen. Ganz gleich, wo diese Empfindung auftritt: Lokalisieren Sie sie und richten Sie Ihre volle Aufmerksamkeit darauf, wie sich die Empfindung von Moment zu Moment verändert.

Wenn Sie Ihrer Aufmerksamkeit erlauben können, auch nur fünf Minuten lang ungestört und zufrieden bei dieser subtilen Erfahrung zu verweilen, werden Sie einen hohen Konzentrationsgrad erreichen. Alle ihre Energien fließen zusammen, und Sie erleben eine sehr entspannte und verfeinerte Geistesverfassung.

Dies mag sich einfach anhören, kann aber zunächst nicht ganz so leicht sein. Es ist völlig normal, dass Sie irgendwann entdecken, wie Sie fröhlich weiterzählen „32, 33, 34 …", weil Sie vergessen haben, nach „zehn" wieder bei „eins" anzufangen. Die meisten Menschen stellen fest, dass ihr Geist, auch wenn sie sich von den körperlichen Begleiterscheinungen ihrer angesammelten Spannungen lösen können, immer noch umherstreift, seine eigenen Wege geht und dabei die Versuche, seine Aufmerksamkeit beim Atem zu halten, völlig ignoriert. Hier hilft nur Beharrlichkeit.

Es gibt eine Reihe von Techniken, die man in der Meditation zu Hilfe nehmen kann.[16] Beispielsweise haben wir im Kapitel 2 im Abschnitt über Vollkommene Bemühung erfahren, dass es fünf Hindernisse gibt, die unsere Anstrengungen, förderliche Geistesverfassungen zu entwickeln, behindern. Doch gibt es auch vier traditionelle Methoden, um diese Hindernisse zu beseitigen. Ein erfahrener Meditationslehrer kann die Klippen umschiffen helfen, an denen unser Versuch, Konzentration zu entwickeln, Schiffbruch erleiden könnte.

Die Belohnung für unsere beharrliche Bemühung in der Meditation ist nicht gering. Sie werden ruhiger, klarer, entspannter und zielgerichteter in Ihren Absichten. Vielleicht erleben Sie mit den sogenannten *dhyānas* auch das Glücksgefühl höherer Bewusstseinszustände in der meditativen Versenkung.

Die Dhyānas

Wie bereits erwähnt, besitzen wir kein einheitliches Selbst: Wir sind einfach ein loses Bündel verschiedener Ichs, die von einem vagen Gefühl der Ich-Identität zusammengehalten werden. Zudem stehen diese Ichs häufig in Konflikt miteinander. Um auf dem spirituellen Pfad voranzukommen, müssen wir diese verschiedenen Identitäten zusammenführen, zu einem harmonischeren integrierten Ganzen. Die Integration kann sich dabei auf einer „horizontalen", d. h. psychologischen Ebene vollziehen, indem wir unsere verschiedenen Ichs dazu bringen, sich gegenseitig wahrzunehmen und zusammenzuwirken. Und wir können uns „vertikal" integrieren, indem wir die Höhen und Tiefen unseres spirituellen Potentials erleben.

Es gibt vier *dhyānas* mit zunehmendem Grad der Verfeinerung. Die beiden ersten gehören zur Ebene der horizontalen oder psychischen Integration. Die beiden anderen, bei denen unser Erleben eine weniger ausgeprägte duale Struktur aufweist (im Sinne der Trennung in ein erlebendes Subjekt und ein erlebtes Objekt) gehören zur vertikalen Integration.

Das Entstehen der *dhyānas* hängt nicht von etwas außerhalb unserer selbst ab. Es handelt sich hierbei um Zustände von sehr intensiven Glücksgefühlen, die die psycho-physische Entsprechung unserer tiefen meditativen Versenkung sind.

Das erste *dhyāna* ist ein Integrationszustand, bei dem alle Hindernisse verschwunden sind und alle bis dahin miteinander rivalisierenden psycho-physischen Energien sich zumindest vorübergehend vereint haben. Man ist einfach glücklich – man ist, wer man ist, und man tut, was man tut. Eine gewisse geistige Aktivität ist noch vorhanden, doch lenkt sie einen nicht mehr von der Meditation ab. Man sitzt einfach da, ist glücklich und zufrieden und verspürt möglicherweise einen gelegentlichen Schauer der Verzückung.

Wenn man in diesem Zustand bleiben kann, ohne sich ablenken zu lassen, dann lässt das Denken allmählich nach, die Verzückung beruhigt sich, Bewusstheit und Wachheit nehmen zu, und man geht in das zweite *dhyāna* über.

Dies ist ein Zustand der Inspiration. Unser Geist wird ruhig und still wie ein großer, klarer See mit Wasser von kristallener Reinheit. Gleich einer klaren Quelle entspringt wie aus dem Nichts ein Strom der Inspiration, der sich in den See ergießt und ihn speist und größer werden lässt. Dies ist ein Zustand höchster Freude. Wenn es einem gelingt, entspannt und klar zu bleiben, ohne Ablenkung und offen für die sehr subtilen Bewegungen und Veränderungen, die gerade im Geist ablaufen, dann kann das Wasser des Sees sozusagen über seine Grenzen hinaustreten, überfließen und man geht in das dritte *dhyāna* über.

Hier haben sich die Grenzen unseres psycho-physischen Organismus weitgehend verflüchtigt. Kaum spürt man, dass man noch einen Körper hat. Völlig von der Meditation absorbiert, erhält man so einen ersten Vorgeschmack auf die beglückenden Möglichkeiten strahlender Grenzenlosigkeit.

Mit dem Eintritt in das vierte *dhyāna* treten auch die Glücksgefühle in den Hintergrund. Unsere Subjektivität löst sich beinahe vollständig auf. Zurück bleibt nur noch das intensive Strahlen eines Gleichmuts, der glückseliger ist als die reinste Wonne. Es ist ein Zustand von vollkommener Harmonie und Ausgewogenheit.

Dies sind die Freuden von *sámatha*. Mit einem Geist, der von solchen Erfahrungen geklärt, erfrischt und geschmeidig gemacht wurde, können wir nun dazu übergehen, die Natur der Realität selbst zu betrachten und sie, ohne den Filter von ablenkender Subjektivität, in ihrer ganzen Tiefe zu erfassen. Solche Höhen gewinnt man nicht leicht. Doch gibt es Menschen, die den Weg schon vor uns gegangen sind. Die *dhyānas* lassen sich erreichen, und mit Hilfe von etwas Zeit und fördernden Umständen können die meisten Menschen durchaus zumindest die beiden ersten Stufen erfahren.

Einer der Faktoren, der uns daran hindert, die *dhyānas* spontan immer dann zu erleben, wenn wir uns hinsetzen und unsere Augen schließen, ist die in uns allen vorhandene Neigung die uns in Richtung negativer emotionaler Gewohnheiten wie Begehren, Ärger, Reizbarkeit, Eifersucht usw. treibt. Die *mettā-bhāvanā* ist eine Meditationsübung, die auf die Verwandlung dieser Gewohnheiten abzielt. Genau genommen ist ihr Ziel die Entwicklung von *mettā* (sprich: mettáa), was man am besten mit Freundlichkeit oder liebender Güte übersetzt.

DIE *METTĀ-BHĀVANĀ*

Wie schon gesagt, bedeutet *bhāvanā* „Entwicklung" und ist ein Synonym für Meditation. Für den Begriff *mettā* gibt es jedoch keine wirklich befriedigende Übersetzung. Er bedeutet so etwas wie „liebende Güte", doch könnte dies leicht mit Sentimentalität verwechselt werden. Man könnte auch das Wort „Liebe" benutzen, doch hat dies einen Beigeschmack von Ausschließlichkeit und neurotischer Anhänglichkeit bekommen. *Mettā* hingegen ist ein Gefühl von universellem, alles durchdringendem Wohlwollen, ein intensives Wünschen des Guten, das in seiner Warmherzigkeit und Weite alles umfasst.

Die Meditationsmethode besteht aus fünf Phasen von mehr oder weniger gleicher Länge. In der ersten Phase übt man die Entwicklung von *mettā* für sich selbst. Hierfür gibt es verschiedene Techniken, die man am besten in einer persönlichen Unterweisung erlernt.

Während dieser ersten Phase sitzen Sie einfach da und versuchen, für sich selbst ein Gefühl von Wärme, Wohlwollen, Freundlichkeit und Güte zu entwickeln. Dabei soll man nicht bloß über *mettā* nachdenken, sondern die Gefühle wirklich spüren, und zwar im Herzen und nicht im Kopf.

Im zweiten Abschnitt stellen Sie sich einen Freund oder eine Freundin vor, der oder die etwa genauso alt ist wie Sie selbst und mit dem oder der Sie keine sexuelle Beziehung haben. (Andernfalls könnte das Gefühl von *mettā* mit elterlichen, kindlichen oder sexuellen Gefühlen verwechselt werden.) Man stellt sich diesen befreundeten Menschen vor seinem inneren Auge vor und versucht, die Gefühle von *mettā* für ihn stärker werden zu lassen.

In der dritten Phase kommen Sie zur sogenannten „neutralen" Person. Das ist jemand, mit dem Sie zwar häufiger Kontakt haben, aber für den Sie keinerlei starke Gefühle in die eine oder andere Richtung hegen. Sie versuchen, diese Person in ihrem Menschsein zu begreifen und ein Gefühl von *mettā* für sie zu entwickeln.

Im vierten Abschnitt stellen Sie sich jemanden vor, dem Sie feindlich gesonnen sind oder mit dem die Kommunikation schwierig oder ganz abgebrochen ist. Auch für diesen Menschen versuchen Sie, Gefühle von *mettā* zu entwickeln.

In der fünften und letzten Phase stellen Sie sich dann alle vier Menschen zusammen vor – Sie selbst, Ihren Freund oder Ihre Freundin, die neutrale Person und den „Feind" – und versuchen, Gefühle von Wärme und *mettā* für alle vier gleichermaßen und unterschiedslos zu entwickeln. Sodann gehen Sie dazu über, dieses Gefühl von *mettā* ausstrahlen zu lassen. Sie beginnen mit den Menschen in Ihrer unmittelbaren Umgebung, dehnen das Gefühl auf die Nachbarschaft aus, das Land, den Kontinent und die ganze Welt – Sie strahlen Gefühle von Wärme und *mettā* für alle lebenden Wesen aus, wo immer sie sich befinden mögen.

Die *mettā-bhāvanā* ist eine sehr wirkungsvolle, tief verwandelnde Übung. Sobald Sie ein bisschen Erfahrung damit haben, werden Sie feststellen, dass Sie sie in fast jeder Situation nutzen können, um Ihre gegenwärtige Geistesverfassung zum Besseren zu wenden. Wenn Sie lange und regelmäßig genug üben, können Sie große Reserven an *mettā* entwickeln, auf die Sie praktisch jederzeit zurückgreifen können.

VIPASSANĀ

Ganz gleich, wie verfeinert und stark Ihre *sámatha*-Übung auch sein mag, sie bleibt doch immer noch weltlichen Bedingungen unterworfen. Wenn die Bedingungen, die zu ihrer Entstehung geführt haben, verschwinden, verdunsten auch die dadurch erreichten Zustände wie Morgentau. Es gibt nur eine Möglichkeit, der schwerkraftmäßigen Anziehung der weltlichen Bedingtheit zu entgehen: die Entwicklung von *vipássanā*, der direkten und erlebten Einsicht in die Natur der Dinge, wie sie *wirklich* sind.

Es gibt eine Reihe von Übungen, um eine derartige Einsicht hervorzubringen, doch um wirksam zu werden, verlangen sie alle eine gehörige *sámatha*-Grundlage. Solange man nicht hinreichend integriert ist, kann man auch nicht sein ganzes Wesen in die *vipássanā*-Übung einbringen. Ohne das mag das bloße Üben von *vipássanā*-Methoden zwar bis zu einem gewissen Grad von Nutzen sein, doch wird es zu keiner unumkehrbaren Verwandlung führen. Überdies ist die vorherige Entwicklung eines hohen Grads an positiven Emotionen erforderlich. Ansonsten könnte einen der existentielle Schock, zu dem die *vipássanā*-Übung führen kann, ernsthaft aus der Bahn werfen. Denn das Ziel von *vipássanā* ist die direkte Erfahrung von *śūnyatā* (sprich: schúunjataa), Leerheit. *Vipássanā*-Übungen sollen uns in die Lage versetzen, den Mythos der Wesenhaftigkeit zu durchdringen und den unbefriedigenden, unbeständigen und nicht-wesenhaften Charakter aller Erscheinungen direkt selbst zu erfahren – um uns dadurch ein für alle Mal von den Fesseln des *saṃsāra* zu befreien.

Eine solche Übungsmethode ist die Kontemplation der Sechs Elemente.

DIE SECHS-ELEMENTE-PRAKTIK

Nach der indischen Überlieferung besteht die materielle Welt aus den vier Hauptelementen: Erde, Wasser, Feuer und Luft. Alle materiellen Dinge einschließlich unseres eigenen Körpers können auf diese Elemente zurückgeführt werden. Ergänzen wir diese um die beiden Elemente des Raums und des Bewusstseins, so erhalten wir in aufsteigender Ordnung der Verfeinerung eine vollständige Beschreibung der Zusammensetzung aller psycho-physischen Organismen. Jenseits dieser Elemente gibt es kein „Ich". Den Eindruck eines festen Ich-Gefühls leiten wir aus diesen Sechs Elementen ab. Wenn wir uns von dieser verblendeten Sicht befreien und die wahre Natur der Dinge erfahren wollen, müssen wir all unser Verhaftetsein an diese Sechs Elemente aufgeben. Und genau das versucht man in der Sechs-Elemente-Praktik.

Zunächst entwickeln Sie eine Grundlage von Achtsamkeit und positiven Emotionen und beginnen dann mit dem Element Erde. Sie reflektieren, dass alles, was an Ihnen hart und fest ist und Widerstand bietet – die Knochen, die Haare, die Haut und die Zähne –, Teil des großen Erdelements im Universum ist. Sie können daran nicht ewig festhalten. Wenn Sie sterben kehren diese Bestandteile einfach zur Erde zurück. Sie sind nur vorübergehend ausgeliehen. Das sind nicht „Sie" und Sie sollten sich nicht damit identifizieren. Da sie nicht „Ihnen" gehören, können Sie ihnen ebenso gut erlauben, zum großen universellen Erdelement zurückzukehren. Sie lösen sich also von all dem, was in Ihrem Körper als Erdelement erkennbar ist. Sie hören auf, sich daran zu klammern oder sich damit zu identifizieren. Sie lassen los und verspüren ein neues Gefühl von Leichtigkeit und Befreiung.

Wenn Sie dann zum Wasserelement übergehen, bedenken Sie, dass Sie zu großen Teilen aus Wasser bestehen. Sämtliche Körperflüssigkeiten sind nur verschiedene Formen dieses Wasserelements. Sie gehören nicht wirklich „Ihnen", und Sie können auch nicht ewig daran festhalten. Sie haben Sie nur vom großen Wasserelement des Universums ausgeliehen, wohin sie auch wieder zurückkehren, wenn Sie gestorben sind. Blut, Tränen, Schweiß, Urin – keine Ihrer Körperflüssigkeiten ist von Dauer, keine gehört letztlich Ihnen. Also gilt auch hier: Sie geben sie auf. Lassen Sie es zu, sie einfach als ein Teil des großen universellen Wasserelements zu sehen. Das sind nicht „Sie".

Als nächstes kommt das Feuerelement und die Empfindungen von Körperwärme. Wenn Sie sterben, beginnt Ihr Körper sofort zu erkalten. Die Wärme, die Sie jetzt fühlen, gehört nicht „Ihnen", sie vergeht. Sie haben sie nur für eine Weile geliehen. Sie lösen sich von ihr und hören auf, daran verhaftet zu sein. Sie lassen es nicht länger zu, mit diesem Element Ihr Sein zu begrenzen.

Sodann reflektieren Sie über das Luftelement. Sie atmen ein, Sie atmen aus, doch können Sie die Luft unmöglich in Ihrem

Körper zurückhalten. Sie ist ständig in Bewegung. Sie gehört einfach zum großen universellen Luftelement, das Sie für kurze Zeit nutzen können. Lösen Sie sich davon. Lassen Sie los.

Inzwischen müsste das Gefühl, das Sie von sich selbst haben, sehr verfeinert und geschärft sein. Sie identifizieren sich nicht länger mit Ihrem Körper in der Weise, wie Sie das gewöhnlich tun. Obgleich Sie Ihren Körper nach wie vor erleben, sind Sie nicht mehr so sehr mit dieser Erfahrung verhaftet, und die Qualität Ihres Erlebens ist feiner geworden.

Nun reflektieren Sie über das Element Raum. Der Raum, den sie jeweils einnehmen, verändert sich ständig. Welchen Raum nehmen Sie noch ein, nachdem Sie alle materiellen Elemente losgelassen haben? Diese Ihre Gestalt, das sind nicht „Sie". Sie ist nur eine Erscheinung, die durch das zeitweilige Zusammentreffen der materiellen Elemente geschaffen wurde. Sobald Sie diese loslassen, lösen Sie sich auch von Ihrer Gestalt. Sie wird einfach zu einem Teil des Raums im Universum.

Inzwischen sollte Ihr Gefühl, von festen Grenzen umschlossen zu sein, stark nachgelassen haben. Wenn Sie Ihren Körper nicht „besitzen", dann kann er letztlich auch nicht der Sitz Ihres Bewusstseins sein. Wo aber hört „Ihr" Bewusstsein auf? Was macht es zu „Ihrem" Bewusstsein? Die Antwort lautet, Sie haben überhaupt kein festes und endgültiges Ich. Lösen Sie sich also von diesem fortwährenden Prozess, durch den Sie ständig Ihr Ich ständig neu erschaffen, und erleben Sie einfach.

Sie erleben also, was Sie erfahren. Auf dieser Stufe sind alle Möglichkeiten des sprachlichen Ausdrucks erschöpft. Ihrem Wesen nach kann man diese Art von Erfahrung nicht mehr beschreiben. Sie liegt jenseits aller begrenzenden Konzepte.

VISUALISIERUNGSÜBUNGEN

Eine andere Form von *vipássanā* sind Visualisierungsübungen, von denen es zahlreiche gibt. Eine der bekanntesten ist die

Visualisierung von archetypischen Buddha- oder *bódhisáttva*-Gestalten.

Man beginnt zunächst wieder damit, eine achtsame und positive Geistesverfassung aufzubauen. Dann visualisiert man direkt vor sich einen klaren blauen Himmel, der sich in alle Richtungen des Raums ausdehnt. Nun stellt man sich in diesem Himmel die Gestalt eines der transzendenten Buddhas oder *bódhisáttvas* vor, die völlig aus Licht besteht und wie ein Regenbogen leuchtet. Man betrachtet dieses Bild eine Zeit lang, rezitiert vielleicht einige Verse der Verehrung, spricht das dazugehörende Mantra, empfängt den Segen des Buddhas oder *bódhisáttvas* und lässt die Gestalt sich dann in den blauen Himmel hinein auflösen. An dieser Stelle kann man darüber reflektieren, dass ebenso wie die visualisierte Gestalt auch wir selbst und alle anderen Erscheinungen aus der Leerheit hervorgehen und in die Leerheit zurückkehren werden.

Es gibt zahllose Formen dieser Art von Meditation. Traditionell geht man davon aus, dass niemand sie wirksam ausüben kann, ohne zuvor im Rahmen einer Lehrer-Schüler-Beziehung in diese Praktik eingeweiht worden zu sein. Nur im Rahmen solcher Beziehungen lässt sich das Wesen dieser Art von Meditationsübung vermitteln.

Visualisierungen, wie auch die übrigen *vipássaná*-Übungen, sind nichts für „Hobby-Buddhisten". Sie sind ein Mittel um mit anderen Dimensionen der Realität Kontakt aufzunehmen – eine Angelegenheit, mit der man nicht herumspielen sollte. Idealerweise sollten Sie diese Stufen der Meditation so lange vermeiden, bis Ihre Zufluchtnahme wirklich effektiv geworden ist und Sie sie dann im Rahmen einer unterstützenden spirituellen Gemeinschaft üben können.

FORMLOSE MEDITATIONEN

Bis jetzt haben wir uns vor allem mit Meditationsübungen beschäftigt, die ein konkretes Meditationsobjekt und eine ge-

wisse Struktur aufweisen. Es gibt aber auch Übungen mit sehr
wenig Struktur und keinem speziellen Meditationsobjekt.

In den verschiedenen buddhistischen Traditionen gibt es
eine Reihe von formlosen Meditationen. Hier seien nur Dzogchen (sprich: dsók-tschenn), Mahāmudrā und Zazen (sprich:
ssa-ssenn) genannt. Möglicherweise ist davon der Begriff
Zazen, aus der Zen-Tradition am bekanntesten. Die beiden
anderen gehören zur tibetischen Tradition. Es gibt nicht viel,
was man darüber sagen könnte. Im Dzogchen begibt man sich
in einen Zustand der unmittelbaren Erfahrung der ursprünglichen Reinheit des Geistes. Mahāmudrā ist die „mühelose Erfahrung der Leerheit", und Zazen bedeutet „bloß sitzen".

Gehen Sie jedoch nicht davon aus, dass diese Techniken
einfach zu erlernen seien, nur weil sie formlos sind. Ohne jah-
relange entschlossene und regelmäßige Bemühung lässt sich in
der formlosen Meditation kein Fortschritt machen. Denn sie
bedeutet nicht, dass man herumsitzt und träumt.

Im folgenden Zitat vermittelt uns Yasutani Roschi etwas
von der entspannten und zugleich gesammelten Intensität des
Geistes eines Menschen, der ernsthaft „Bloß- Sitzen" übt:

> [Es] ist der Geist von jemand, der sich dem Tod gegenüber
> sieht. Stellen Sie sich vor, Sie wären an einem Duell zweier
> Schwertkämpfer beteiligt, wie sie im alten Japan stattge-
> funden haben. Sie stehen vor Ihrem Gegner und sind
> ununterbrochen wachsam, aufmerksam und bereit. Ließen
> Sie in Ihrer Wachsamkeit auch nur einen Augenblick lang
> nach, so würden Sie sofort in Stücke geschlagen werden.
> Eine Menschenmenge versammelt sich, um den Kampf zu
> beobachten. Da Sie nicht blind sind, sehen Sie diese aus den
> Augenwinkeln, und da Sie nicht taub sind, hören Sie sie
> auch. Aber keine Sekunde lang wird Ihr Geist von diesen
> Eindrücken abgelenkt.[17]

Hingabe und Ritual

Eine weitere sehr effektive Form, um die gewünschten Veränderungen in unserer Geistesverfassung herbeizuführen, ist das Einbeziehen von Ritualen und verehrender Hingabe. Sämtliche Schulen des Buddhismus widmen sich dieser Praxis: Man wirft sich vor Altären und Darstellungen des Buddha nieder, bietet Gaben von Blumen, Kerzen und Räucherstäbchen dar und rezitiert religiöse Verse. Von den außerordentlich formalisierten Ritualen des Zen bis zur reichen Phantasiewelt des tibetischen Tantra haben Buddhisten über die Jahrhunderte hinweg eine große Formenvielfalt entwickelt, um ihre Gefühle und ihre Vorstellungskraft in den eigenen Umwandlungsprozess einzubinden.

Das Ganze hat verschiedene Aspekte. Um etwas zu erreichen, braucht man zunächst einmal immer Hingabe zur betreffenden Sache, ganz gleich, was man auch tut. Erfolgreiche Künstler widmen sich hingebungsvoll ihrer Kunst, ebenso wie Athleten ihrem Sport oder Lehrer ihren Schülern. Ohne ein derartiges emotionales Engagement reichen ihre Leistungen niemals über das Mittelmaß hinaus. In gleicher Weise gilt: Ohne Hingabe an die Drei Juwelen, ohne eine innere Beschäftigung mit ihnen und ernsthafte Absichten im Hinblick auf die eigenen spirituellen Fortschritte führt die ganze Übung nicht sehr weit. Die buddhistischen Rituale zielen darauf, ein solches Engagements hervorzubringen.

Wenn man zu üben anfängt und der Dharma unser Leben langsam zum Besseren hin beeinflusst, empfindet man mit der Zeit eine tiefe Dankbarkeit für den Buddha, der uns schließlich den Dharma zugänglich gemacht hat. Man empfindet Verehrung für den Dharma, der eine so nachhaltige Wirkung in unserem Leben hinterlässt. Und man fühlt Dankbarkeit gegenüber dem Ūrya-Sangha, der den Dharma lebendig erhält. Übungen der Hingabe sind ein Weg, diese Dankbarkeit auszudrücken.

Zugleich sind solche Hingabeübungen ein Mittel, um völlig über sich selbst hinauszuwachsen. Indem wir uns in unserer Vorstellung mit den Respekt einflößenden Höhen und Tiefen von Erleuchtung befassen, lassen wir unsere kleinlichen, beengenden Sorgen für eine Weile zurück und haben so, zumindest zu einem gewissen Grad, an einem Schauspiel von kosmischem Ausmaß teil.

Buddhistische Rituale sind reich an symbolischer Bedeutung. Indem man an ihnen teilnimmt, bekommt man allmählich ein Gespür für die Art dieser Symbole. Dies bereichert unsere Sensibilität, schärft unsere ästhetische Wachheit und öffnet uns für die in jedem Augenblick des Lebens vorhandene Poesie.

6. Die Verbreitung und Entwicklung des Buddhismus

König Aschoka, der von 269 bis 232 vor unserer Zeitrechnung lebte und das Reich der Mauryas regierte, hat viel dazu beigetragen, die Stellung des Buddhismus zu festigen. Er war ein talentierter Herrscher und begann seine Karriere mit weitreichenden territorialen Ansprüchen. Doch ein sehr kostspieliger Sieg, bei dem auf beiden Seiten viele Menschen ihr Leben lassen mussten, führte ihn in eine tiefe seelische Krise und ließ ihn schließlich Zuflucht zum Buddhismus nehmen. Er begründete eine „Herrschaft des Dharmas" und unternahm Reisen durch sein Reich, um überall eine sittliche Lebensweise zu fördern. Er propagierte Pazifismus, vegetarische Ernährungsweise und untersagte Tieropfer.

Aschoka sandte buddhistische Missionare in die griechischen Königreiche im Westen seines Herrschaftsgebiets, doch gibt es keine Aufzeichnungen, ob sie dort empfangen wurden. Mehr Erfolg hatte er in Sri Lanka. Er schickte seinen Sohn Mahinda als buddhistischen Missionar dorthin und sorgte so zum ersten Mal dafür, dass der Dharma ein Meer überquerte.

Es vergingen drei weitere Jahrhunderte, bevor der Buddhismus sich endlich über den gesamten indischen Subkontinent ausgebreitet hatte. Von dort gelangte er nach ganz Asien. Von Gandara, dem indo-griechischen Königreich im Nordwesten Indiens, wanderte der Buddhismus allmählich nach Zentralasien und folgte von dort der Seidenstraße bis nach China, wo die ersten uns bekannten buddhistischen Gemeinschaften etwa um das Jahr 150 unserer Zeitrechnung entstan-

den. Nach und nach verbreitete sich der Buddhismus in ganz
China. Er nahm an Stärke und Einfluss zu, bis er unter der
T'ang-Dynastie (618-907 u. Z.) in sein Goldenes Zeitalter
eintrat. Zutiefst chinesische Formen des Buddhismus wie
Avatamsaka, T'ien T'ai, „Reines Land" und Ch'an (sprich:
tschan) entstanden alle in dieser Zeit. Mit der weiteren Verbreitung der chinesischen Zivilisation kam auch der Buddhismus um das 6. Jahrhundert nach Vietnam, Korea und Japan.

Etwa um das 7. Jahrhundert wurde der Buddhismus nach
Tibet gebracht, und zwar durch das Swat-Tal im Westen
Chinas und von Indien im Süden aus. Allerdings dauerte es
noch weitere 200 Jahre, bevor er sich dort dauerhaft etablieren
und zur Entstehung der vielleicht spirituell kreativsten Kultur
beitragen konnte, die die Welt je gesehen hat.

Mahindas Mission nach Sri Lanka im 2. Jahrhundert unserer Zeitrechnung war erfolgreich gewesen. Seither hat der Buddhismus auf dieser Insel, wenn auch häufig unter schwierigen
Umständen, eine bis heute andauernde Rolle gespielt. Viele
Jahre lang konnten hier Theravāda, Mahāyāna und tantrischer
Buddhismus, je nach Schirmherrschaft des Königshauses, ab-
wechselnd ihren Einfluss geltend machen, bis schließlich im
12. Jahrhundert die beiden anderen Formen unterdrückt wurden und die Vorherrschaft des Theravāda begann.

Die Länder Südostasiens waren zunächst von Indien und
China aus bis zu einem gewissen Grad unter den Einfluss
des Mahāyāna-Buddhismus gelangt. Missionare aus Sri Lanka
trugen jedoch dazu bei, in dieser Region den Theravāda zu
etablieren, der noch heute die vorherrschende Form des
Buddhismus in Burma, Thailand, Kambodscha und Laos bildet.

Zum Teil als Folge der moslemischen Invasion begann der
Buddhismus im 13. Jahrhundert in Indien auszusterben. Mit
fanatischem Hass auf alles, was sie für „Götzendienst" hielten,
setzten die moslemischen Eroberer Klöster, Bibliotheken und
Universitäten in Brand und töteten zahllose Mönche. Die

friedfertigen buddhistischen Mönche leisteten wenig Widerstand. Mit der Zerstörung der buddhistischen Zentren der monastischen Ausbildung begann der Brahmanismus, der bis dahin bereits viele Vorstellungen und Bilder des Mahāyāna-Buddhismus in sich aufgenommen hatte, nun auch noch den volkstümlichen Buddhismus zu absorbieren. Es sollte weitere sieben Jahrhunderte dauern, bevor der Buddhismus auch in Indien eine neue Blüte erlebte.

Buddhismus heute

Für die meisten buddhistischen Kulturen ist das Industriezeitalter ziemlich schnell angebrochen. Bis in die 1950er Jahre war Tibet noch in jeder Hinsicht eine mittelalterliche Feudalgesellschaft, in der die meisten Bewohner nichts von solchen Dingen wie Autos oder Radios wussten. Die meisten asiatischen Länder waren weitgehend vorindustriell geprägt, und die Buddhisten der verschiedenen Nationen wussten nur wenig voneinander. Die Globalisierung, die wir mittlerweile schon für völlig selbstverständlich halten, hat jedoch erst in den letzten Jahrzehnten begonnen. Und die Lebensverhältnisse, die heute weltweit vorherrschend sind, haben mit der Welt von vor kaum 50 Jahren nur noch wenig gemeinsam.

Zeiten der Instabilität, die in Japan auf die industrielle Revolution folgten, haben Hunderte von sogenannten „neuen Religionen" hervorgebracht. Manche von ihnen zählen nicht mehr als einige hundert Anhänger. Etliche dieser Gruppen haben ihre Glaubenssätze durch Interpretationen der traditionellen buddhistischen Schriften gewonnen. Einige dieser neuen Religionen haben eine beträchtliche Größe erreicht. Rissho Kosei-kai und Sokka Gakai International (SGI) zählen Millionen von Anhängern.

Die beiden letztgenannten Organisationen sind Ableger des Nichiren-Buddhismus, dessen Wurzeln auf den militanten Gründer gleichen Namens aus dem 13. Jahrhundert zurückgehen. Für Nichiren wie für seine heutigen Anhänger liegt die Quintessenz des Dharmas im *gohonzon* – der mantra-ähnlichen Anrufung: „Nam-myoho-reng-kyo" („Ehre und Preis dem mystischen Gesetz des *Lotos-Sūtras*"). Das Singen dieser Formel soll nach Ansicht von Sokka Gakai sowohl reiche spirituelle wie materielle Belohnung mit sich bringen.

Möglicherweise liegt es an der Einfachheit dieser Lehre und den geringen Anforderungen, die sie an die Praktizierenden stellt, dass der Nichiren-Buddhismus in Form von Sokka Gakai International eine so große Anhängerschaft in Japan und in der ganzen Welt gewonnen hat. Mit dazu beigetragen haben prominente Anhänger wie Tina Turner, Boy George und der italienische Fußballspieler Roberto Baggio und auch viel weniger Berühmte aus der Welt der Mode und Medien. Unklar ist, inwieweit ihnen Nichirens persönliche außerordentliche Militanz bekannt ist: „Sämtliche [Reines Land-] und Zen-Tempel ... sollten niedergebrannt und ihre Priester zum Yui-Strand gebracht werden, wo man ihnen den Kopf abschlagen sollte!"[18], riet er einmal einem japanischen Gerichtshof. Ebenso unklar ist, inwieweit andere Buddhisten eine Lehre als echten Ausdruck des Dharmas ansehen können, welche von sich behauptet, auf den „einzigen Buddha dieses Zeitalters" zurückzugehen – nämlich Nichiren selbst –, und die daran glaubt, dass zur Gewinnung von Anhängern der Zweck immer die Mittel heiligt.

Während diese neuen Religionen großen Zulauf fanden und sich verbreiteten, ist es den traditionelleren Formen des japanischen Buddhismus in diesem Jahrhundert nicht so gut ergangen. Nach dem 2. Weltkrieg wurden die Klöster durch General MacArthurs „Landreform" finanziell ruiniert, und nach dem wirtschaftlichen Wiederaufbau des Landes blühte der Materialismus wie nie zuvor. Im übrigen war es in der japanischen Kultur niemals üblich, sich nur einer einzigen Religion zugehörig zu fühlen. Die Rolle des Buddhismus, der dritten Religion im modernen Japan neben Shinto und Christentum, beschränkt sich heute im Wesentlichen auf die Aus-

übung von Ritualen, die den Übergang von einem Lebens-
abschnitt zum anderen markieren, und dabei insbesondere von
Begräbnisritualen.

Angesichts des Niedergangs des Buddhismus in Japan begannen einige Roschis, über die Notwendigkeit nachzudenken,
den japanischen Zen (sprich: sen) über die Landesgrenzen hin-
auszutragen, in denen er acht Jahrhunderte lang eingeschlossen
gewesen war. Die Meister Nyogen Senzaki, Sokei-an Sasaki,
Nakagawa Soen, Haku'un Yasutani, Shunryu Suzuki, Taisan
Shimano Eido und Taizan Maezumi haben enorm dazu beigetragen, den Zen-Buddhismus in Amerika und, bis zu einem gewissen Grad, auch in Europa bekannt zu machen.

Ebenso hat der japanische Reines-Land-Buddhismus seinen Weg in die Vereinigten Staaten gefunden, wo seine Kirchen
vor allem den Bedürfnissen der dortigen japanischen Bevölkerung dienen.

In Korea ist der Zen-Buddhismus als *son* sehr verbreitet.
Er wird jedoch nicht nur von aggressiven christlichen Missio-
narsaktivitäten stark bedrängt, sondern auch wie in Hongkong,
Taiwan, Thailand, Singapur und Malaysia von der wuchernden
Konsumkultur im Gefolge des „Wirtschaftswunders" in
Südostasien. Vertreten durch die Kwan-Um-Zen-Schule, die
im Jahre 1983 von Seung Sahn Sunim begründet und den Be-
dürfnissen des Westens angepasst wurde, hat der koreanische
Zen jedoch seinen Weg auch zu uns gefunden.

Die einstmals blühenden buddhistischen Kulturen von
Vietnam, Kambodscha und Laos sind durch den Vietnamkrieg
zerschlagen worden. Nichts bestätigt dies stärker als jene
Bilder buddhistischer Mönche und Nonnen, die sich in den
60er Jahren zum verzweifelten Akt der Selbstverbrennung
getrieben sahen, um gegen die Unterdrückung des Buddhismus
durch den südvietnamesischen Diktator und Katholiken Ngo
Dinh Diem zu protestieren.

Im Jahre 1966 reiste der vietnamesische Zen-Meister Thich
Nhat Hanh (sprich: Tik-Nat-Han) durch Europa und Ame-

rika, um zu berichten, wie die Bevölkerung Vietnams unter
dem Krieg zu leiden hatte, und um für den Frieden zu werben.
Seit dieser Zeit ist Thich Nhat Hanh überwiegend im Westen
tätig, wo er sich unermüdlich für den Frieden einsetzt. Er lehrt
einen Zugang zum Buddhismus, der das Üben von geistiger
Achtsamkeit zum Ausgangspunkt nimmt, um gesellschaftli-
ches Verantwortungsbewusstsein und Pazifismus zu fördern.

In China hat die Kulturrevolution dem Buddhismus beinahe den Todesstoß versetzt, der durch jahrhundertelange
politische Unruhen ohnehin schon stark geschwächt war.
Ebenso wie die Japaner haben sich auch die Chinesen selten
nur einer Religion zugehörig gefühlt. Was bei den Chinesen
Asiens an buddhistischer Lehre überlebt hat, ist heute daher
oft mit Elementen aus Konfuzianismus, Taoismus und den
lokalen Naturreligionen vermischt.

Nichtsdestoweniger können einige der „orthodoxeren"
chinesischen Strömungen des Buddhismus vor allem in Taiwan
und den Vereinigten Staaten weiterleben. Auch der Ch'an-
Buddhismus hat seinen Weg in den Westen gefunden, besitzt
dort jedoch bisher nicht die gleiche Popularität wie der Zen-
Buddhismus.

In der zu China gehörenden Inneren Mongolei wurde dem
Buddhismus das gleiche Schicksal zuteil wie in China selbst,
während er in der Äußeren Mongolei, die lange Zeit ein Teil
der früheren UdSSR war, durch Stalin und dessen Nachfolger
schwer gelitten hat.

Von allen buddhistischen Ländern, die in diesem Jahrhundert unter diktatorischen Regimes zu leiden hatten, hat keines
die westliche Phantasie so sehr angeregt wie Tibet. Der Westen
sieht Tibet als ein Land, das so nahe am Himmel liegt, dass
seine Bewohner ganz natürlich eine Neigung zum Gebet hätten. Tibet ist für westliche Vorstellungen ein hochgelegener
Ort von kristallklarer Reinheit, von heiligen Mysterien, welt-
licher Unschuld und spiritueller Meisterschaft: ein utopisches
Shangri-La hinter einem fernen Horizont.[19]

Obgleich dieses Bild die dunkle Kehrseite der tibetischen Feudalgesellschaft ignoriert, in der der Kampf um weltliche Macht zwangsläufig mit vielen Teilen des institutionellen religiösen Lebens verknüpft war, kann man das Tibet vor der brutalen chinesischen Invasion im Jahre 1959 als blühende Buddhokratie bezeichnen. Hier war das Leben, vielleicht stärker als in irgendeiner anderen Kultur der Menschheitsgeschichte, von echten spirituellen Werten geprägt, und es war nur folgerichtig, dass es eine große Zahl von außerordentlich entwickelten spirituellen Meistern hervorgebracht hat.

Die Chinesen behandelten die Kultur und Religion Tibets jedoch mit grausamer Missachtung und Unterdrückung. Sie zerstörten die Klöster, ermordeten Mönche und Nonnen oder warfen sie ins Gefängnis. Im Jahre 1959 floh der Dalai Lama nach Indien ins Exil, und viele tausend Tibeter sind ihm seither dahin gefolgt. Mit nicht zu unterdrückendem Optimismus und Frohsinn lebt der tibetische Buddhismus in den blühenden Gemeinwesen der tibetischen Flüchtlinge in Indien weiter, speziell in der Gegend von Dharamsala, wo sich der Hauptsitz des Dalai Lama befindet und wo die großen klösterlichen Einrichtungen Tibets, wenn auch in sehr viel geringerem Umfang, wieder aufgebaut worden sind. Außerdem gibt es nach wie vor eine lebendige tibetisch-buddhistische Tradition in Nepal, Sikkim, Bhutan und Ladakh.

Obgleich der Dalai Lama ausdrücklich *nicht* das buddhistische Gegenstück zum Papst darstellt, als das er manchmal fälschlicherweise verstanden wird, nimmt er dennoch in der Welt des tibetischen Buddhismus eine einzigartige Stellung ein. Seit dem 17. Jahrhundert haben seine früheren Inkarnationen Tibet regiert, und auch der gegenwärtige, der 14. Dalai Lama, gilt als sein tatsächliches Staatsoberhaupt im Exil. Gleichzeitig ist er ein hochstehender Lama der Gelugpa-Tradition, d. h. er hat zwei Welten miteinander zu verbinden – die sakrale und die säkulare: eine Aufgabe, die er mit trügerischer Leichtigkeit zu bewältigen scheint.

Die Tibeter verehren den Dalai Lama mit großer Hingabe, wie auch viele seiner Anhänger im Westen. Denn obschon er sich selbst gerne als „einfachen tibetischen Mönch" bezeichnet, hat er bewiesen, dass er viel mehr ist als das. Durch sein unermüdliches Wirken für das tibetische Volk und für den Weltfrieden hat er sich einen Ruf von großer Weisheit und Integrität erworben wie nur wenige moderne Staatsmänner.

Dass sich der tibetische Buddhismus über die Grenzen der Himalaja-Region hinaus verbreitete, innerhalb derer er über tausend Jahre lang eingeschlossen gewesen war, kann man als eine der positiven Nebenwirkungen der tibetischen Diaspora betrachten. In den meisten westlichen Ländern gibt es inzwischen Zentren der wichtigsten tibetisch-buddhistischen Schulen. Endlich können auch andere an den spirituellen Schätzen teilhaben, die zuvor in unberührter Isolation gepflegt worden waren.

Der burmesische Buddhismus wurde früher mit dem burmesischen Nationalismus in Verbindung gebracht, der gegen die Herrschaft des britischen Empire gerichtet war. Heute sieht er sich zu einem Kompromiss mit dem State Law and Order Restauration Commitee SLORC gezwungen, welches derzeit das Land regiert. Das SLORC duldet keine Opposition und erwartet, wenn schon keine Unterstützung, dann zumindest die Passivität des Sanghas der Theravāda-*bhikkhus*. Dennoch haben Mönche immer wieder dagegen protestiert, dass man von ihnen erwartete, den Völkermord an den Bergstämmen und andere Formen der regierungsamtlichen Unterdrückung zu ignorieren, und sie mussten dafür harte Konsequenzen in Kauf nehmen.

Vor der Gewaltherrschaft des SLORC war es einigen burmesischen Meditationsmeistern – insbesondere Mahasi Sayadaw und U Ba Khin – jedoch gelungen, das Üben von Meditation in der Welt des Theravāda-Buddhismus wieder zu beleben. Ihre zumeist aus dem Westen stammenden Laienschüler unterrichten heute weltweit Meditation, hauptsächlich im Rahmen der Dachorganisation Insight Meditation Society mit Sitz in den USA.

Auch in Thailand und Sri Lanka sind Staat und Buddhismus eng verknüpft. Während sich in Thailand diese Verbindung überwiegend auf zeremonielle Aktivitäten beschränkt, kam es in Sri Lanka im Zusammenhang mit dem Kampf der tamilischen Hindu-Minderheit um mehr Rechte und Anerkennung zuletzt zu Vorfällen eines buddhistischen Religions-Nationalismus. Die Beteiligung einiger buddhistischer Mönche an den gewalttätigen Kämpfen des letzten Jahrzehnts steht in ziemlichem Widerspruch zu sämtlichen Lehren des Buddhismus.

In Thailand wie in Sri Lanka gehört eine Minderheit von Mönchen der sogenannten „Waldkloster-Tradition" an, die Städte meidet und sich in besonderem Maße der Meditation widmet. Hier muss insbesondere Ajahn Chah genannt werden, dessen Schüler in Thailand und im Westen viel für die Wiederbelebung der Waldkloster-Tradition getan haben. Der ursprünglich aus Amerika stammende Ajahn Sumedho, einer von Ajahn Chahs wichtigsten Schülern, hat mitgeholfen, mehrere Klöster dieser Tradition im Westen, insbesondere in England, zu gründen.

In Thailand, Kambodscha, Indien und Sri Lanka liefern einige Buddhisten einen wichtigen Beitrag zur Entwicklung von Formen eines friedfertigen sozialen Aktivismus. Der vor kurzem verstorbene thailändische Mönch Buddhadasa Bhikkhu erlangte besondere Bekanntheit für sein Bemühen, Formen buddhistischer Praxis zu entwickeln, die sich mit sozialen und politischen ebenso wie mit den transzendenten Realitäten beschäftigen. Auch in Indien leistet der Bahujn Hitay, der sozial aktive Flügel des Westlichen Buddhistischen Ordens, wertvolle Arbeit in der jungen buddhistischen Gemeinschaft.

Vielleicht als einen der hellsten Sterne dieses Jahrhunderts am Himmel des asiatischen Buddhismus könnte man die Wiederbelebung des Buddhismus in Indien ansehen. Sie wurde durch Dr. B. R.Ambedkar, den ersten Justizminister des unabhängigen Indiens, in Gang gesetzt. Aus der Kaste der Unberührbaren stammend, hatte Dr. Ambedkar in jungen Jahren schmerzliche Unterdrückung durch kastenbewusste Hindus erfahren müssen. Dennoch konnte er als erster Unberührbarer eine Universität besuchen, erwarb darüber hinaus einen Universitätsabschluss in London und Columbia und erhielt schließlich die Zulassung, in London als Rechtsanwalt bei Gericht aufzutreten.

Die von ihm entworfene Verfassung des indischen Staates verbot per Gesetz, Menschen zu Unberührbaren zu stempeln. Doch trotz all seiner Kämpfe und Kampagnen musste Ambedkar schließlich einsehen, dass der Hinduismus den Unberührbaren niemals einen gleichberechtigten Status einräumen würde, und er beschloss, für sich und sein Volk eine neue Religion zu suchen. Schließlich wandte er sich dem Buddhismus zu und nannte dafür vier Gründe: Er war indischen Ursprungs; er verbrämte Armut nicht zu einer spirituellen Tugend; er gründete sich auf Vernunft; und er verkündete Freiheit, Gleichheit und Brüderlichkeit.

Im Jahre 1956 bekannte sich Ambedkar mit 400.000 seiner Anhänger öffentlich zum Buddhismus. In den folgenden Wochen folgten ihm mehrere hunderttausend Menschen, und es entstand eine eigene Bewegung. Heute gibt es in Indien über zehn Millionen „neue" Buddhisten. All die Menschen, die ehemals die Niedrigsten der Niedrigen waren und denen nicht einmal die Möglichkeit zur Religionsausübung gegeben war, hatten nun als junge indische Buddhisten eine Religion gefunden, die betont, dass sich jeder Mensch ungeachtet seiner Herkunft weiterentwickeln kann, und die dazu auch praktische Anleitung gibt. Dementsprechend zeigen sie ein ungeheures Maß an Verehrung und Dankbarkeit für den Buddha wie für Dr. Ambedkar, dessen friedliche Revolution sie wirklich befreit hat.

Doch vielleicht erweist sich im Verlauf der Zeit die Tatsache, dass der Buddhismus im Westen Fuß zu fassen beginnt, als das aus buddhistischer Sicht herausragendste Ereignis des 20. Jahrhunderts. Denn die heutigen technischen Möglichkeiten der Fortbewegung und Kommunikation, die Besonderheiten der westlichen Psyche sowie der Umstand, dass dort alle wichtigen Schulen des Buddhismus vertreten sind, stellen eine in der Geschichte des Buddhismus einmalige Situation dar.

BUDDHISMUS IM WESTEN

In seinem Buch *The Awakening of the West*, in dem der Autor Stephen Batchelor, die Begegnung von westlicher Kultur und Buddhismus beschreibt, kommt Batchelor zu dem Schluss, die Beziehung westlich geprägter Menschen zum Buddhismus sei von folgenden fünf Einstellungen geprägt: blinder Gleichgültigkeit, selbstgerechter Zurückweisung, rationalem Wissen, romantischen Phantasievorstellungen sowie existentiellem Engagement.[20] Diese Klassifizierung erweist sich als ausgesprochen hilfreich.

Ganz offensichtlich beschreibt sie in chronologischer Folge die verschiedenen Stadien der Begegnung des Westens mit dem Buddhismus. Doch kann man sie ebenso gut auf verschiedene psychologische Schichten im westlichen Geist beziehen. Selbst praktizierende westliche Buddhisten „mögen immer noch romantische Vorstellungen über Erleuchtung mit sich herumtragen, zum rationalen und objektiven Studium des Buddhismus einen Kurs bei einem nicht-buddhistischen Professor besuchen, spezielle Vorstellungen des Buddhismus als fremdländische Eigenheiten einer asiatischen Kultur abtun oder manchen Lehren gleichgültig gegenüberstehen, da sie sie angeblich nicht betreffen"[21].

Sicherlich kann man diese Klassifizierung auch verwenden, um die gängige Einstellung westlicher Menschen gegenüber dem Buddhismus zu beschreiben, die wohl bei der überwie-

genden Mehrheit eher in „blinder Gleichgültigkeit" besteht.
Ebenso gibt es Fundamentalisten aller Prägungen, die den Buddhismus „aus Selbstgerechtigkeit ablehnen", sowie nicht-bud-
dhistische Universitätsprofessoren, die sich auf ausschließlich
„rationale Erkenntnisse" über ihn spezialisiert haben. In New
Age-Kreisen blühen „romantische Phantasien" über den Buddhismus, von denen selbst einige buddhistische Gruppen nicht
verschont bleiben, bei denen die erste Phase des „existentiellen
Engagements" oft von einer gewissen Naivität gekennzeichnet
ist. Und schließlich gibt es im Westen auch erfahrene Praktizierende und Lehrer des Buddhismus, deren „existentielles
Sich-Einlassen" auf die Lehre zu tiefen spirituellen Einsichten
geführt hat.

Historisch gesprochen, dauerte die Zeit der blinden Indif-
ferenz des Westens gegenüber dem Buddhismus bis ins 13.
Jahrhundert. Bis dahin hatten die Europäer, mit Ausnahme
einiger alter Griechen der Antike, weder Kenntnisse in den
asiatischen Kulturen noch offenkundiges Interesse daran. Um
die Mitte des 13. Jahrhunderts jedoch rüttelte die drohende
Invasion der Mongolen die europäischen Mächte wach und
brachte ihnen die Gebiete jenseits der Grenzen des Mittel-
meerraums zum Bewusstsein. Man schickte Abordnungen an
den Hof des Khans, und einige Entdecker drangen sogar bis
nach Ulan Bator und Peking vor. Briefe, Tagebücher und
Berichte dokumentieren die ersten europäischen Kenntnisse
über den Buddhismus.

Danach und bis zum Beginn des 18. Jahrhunderts war die
Haltung der Europäer dem Buddhismus gegenüber fast ausschließlich von selbstgerechter Zurückweisung geprägt. Die
wenigen Kenntnisse, die man besaß, dienten zu seiner Verur-
teilung als eine Form von heidnischem Götzendienst.

In der Zeit zwischen der zweiten Hälfte des 18. Jahrhunderts und dem Anfang des 20. Jahrhunderts entwickelte sich
eine europäische Vorstellung vom Buddhismus. Ist doch der
Begriff „Buddhismus" selbst eine europäische Erfindung, für

die es kein asiatisches Äquivalent gibt. Er tauchte zum ersten
Mal um das Jahr 1830 auf, als der europäische Imperialismus
versuchte, die scheinbar so verschiedenen Glaubenssysteme
und religiösen Praktiken des damaligen Asien zu erfassen. So
entstanden nach und nach Begriffe wie „Buddhismus" und
„Hinduismus", und „Buddhismus" wird etwa seit den sechzi-
ger Jahren des 18. Jahrhunderts ausschließlich mit dem
Glauben und den Praktiken jener Menschen in Verbindung
gebracht, die den Lehren des Buddha folgten. Was die Europäer nun „Buddhismus" nannten, war von den Praktizierenden
der verschiedenen buddhistischen Strömungen bis dahin einfach als „Dharma" bezeichnet worden.

Während dieser Phase teilte sich die westliche Haltung gegenüber dem Buddhismus in zwei Lager auf: Das eine betrachtete ihn als einen Gegenstand rationaler, wissenschaftlicher
Forschung, während ihn das andere zu einem Objekt roman-
tischer Phantasien hochstilisierte.

Möglicherweise wäre es jedoch genauer, hier nicht von
zwei Polen, sondern von einem Spektrum von Einstellungen
zu sprechen. An dessen einem Ende standen die frühen Gelehrten und Übersetzer. Mehr in der Mitte waren Künstler und
Philosophen wie etwa Arthur Schopenhauer anzusiedeln, dessen Enthusiasmus für einen allerdings nur teilweise verstande-
nen Buddhismus wiederum auf seine Anhänger Richard
Wagner und Friedrich Nietzsche übersprang. Die „Transzen-
dentalisten" Neu-Englands unter Führung von Ralph Waldo
Emerson beschäftigten sich aus exotischer Liebhaberei mit
dem Orient, und Henry Thoreau übertrug Eugene Burnoufs
Übersetzung des Lotos-Sūtras ins Englische. In England wurden von Sir Edwin Arnolds großartiger Dichtung Die Leuchte
Asiens mehrere hunderttausend Exemplare verkauft.

Am anderen Ende des Spektrums standen romantische
Phantasten wie die frühen Theosophen. Ihre bekanntesten
Vertreter waren wohl Madame Blavatsky, die russische Auto-
rin des Werks Die entschleierte Isis, und ihr amerikanischer

Lebensgefährte Colonel Henry Steel Olcott. Ihre Begeisterung für den Buddhismus brachte sie dazu, sich im Jahre 1880 in Sri Lanka als erste Menschen aus dem Westen zu den Drei Zufluchten und den Fünf Vorsätzen und somit öffentlich zum Theravāda-Buddhismus zu bekennen.

Erst zu Beginn des 20. Jahrhunderts begannen einige wenige Menschen im Westen, sich auf den Buddhismus als einen Pfad der Übung einzulassen, der ihre individuellen existentiellen Fragen einbezog. Und es dauerte bis in die 1960er Jahre, bis im Westen die ersten funktionierenden buddhistischen Gemeinschaften entstanden.

In den 60er und 70er Jahren lehrten hauptsächlich Lehrer aus Asien den Dharma, insbesondere japanische Roschis und tibetische Rimpotschés, obgleich auch schon einige Europäer und Amerikaner, die nach Asien gereist waren, um den Buddhismus zu studieren, nach ihrer Rückkehr damit begonnen hatten, auf eigene Faust buddhistische Gruppen zu gründen. Hierzu zählen Sangharakshita, der englische Gründer der *Freunde des Westlichen Buddhistischen Ordens* (FWBO), Robert Aitken Roschi, der den Zen-Diamant-Sangha in Hawaii begründete, sowie Philip Kapleau Roschi, Begründer des Rochester Zen Center im Staat New York.

Im Lauf der 70er Jahre kamen Vertreter beinahe aller existierenden buddhistischen Schulen in den Westen, wo sie in Städten Zentren aufbauten, auf dem Lande Orte des Rückzugs schufen oder ausgedehnte Lehrreisen unternahmen. Tibet wurde durch Repräsentanten der Gelugpa-, Kagyüpa-, Nyingmapa- und Schakjapa-Schulen vertreten. Es etablierten sich der japanische Soto- und Rinzai-Zen, man konnte chinesischen Ch'an, koreanischen Son und vietnamesischen Thièn in vielen Städten Europas und Amerikas studieren, wo auch Theravāda-Lehrer aus Burma, Thailand und Sri Lanka ihre Lehren anboten. Zugleich bildeten sich westliche Formen des Buddhismus heraus, wie etwa Sangharakshitas FWBO und Lama Govindas *Ārya-Maitreya-Maṇḍala*.

Gleichzeitig machte auch das akademische Studium des Buddhismus große Fortschritte. Es wurden immer mehr Texte ins Englische sowie andere europäische Sprachen übersetzt, und die Gelehrten machten sich daran, einige der rätselhafteren Aspekte des Buddhismus dem westlichen Denken zugänglich zu machen. Noch nie zuvor in der Geschichte des Buddhismus hat so viel Quellenmaterial gleichzeitig zur Verfügung gestanden. Verschollene Texte aus Zentralasien kamen ans Licht und konnten mit späteren Überarbeitungen aus Tibet, China und Japan sowie historisch früheren Dokumenten aus der Pali-Tradition verglichen werden. Fachwissenschaftler des Buddhismus begannen mit vergleichenden Studien, und es entwickelte sich eine exakte wissenschaftliche buddhistische Textkritik, die es wiederum erlaubte, die kanonischen Schriften genauer zu erforschen und die zeitliche Entstehung ihrer verschiedenen Textschichten festzustellen.

Religionen, die sich primär auf Glauben stützen, mögen eine solche theoretische Grundlagenarbeit als Bedrohung betrachten. Doch der Buddhismus, der sich nicht auf Glaubensannahmen, sondern auf persönliche Erfahrungen gründet, begrüßt derartige akademische Analysen, da sie mehr Klarheit über die verschiedenen buddhistischen Schriften verschaffen. Wenn wir die zeitliche Entwicklung des Buddhismus genauer kennen, können wir besser verstehen, weshalb bestimmte Lehren in eben jener Zeit verkündet wurden. Und dies wiederum kann uns dabei helfen, zu erkennen, auf welche Weise sie auf die eigene heutige Praxis anzuwenden sind. So kam es auch, dass die akademischen Studien des Buddhismus immer mehr von praktizierenden Buddhisten selbst unternommen wurden, deren Untersuchungen ebenso sehr von dem Verlangen, die eigene Praxis besser zu verstehen, wie von abstrakten akademischen Interessen geleitet wurden.

Seit Mitte der 80er Jahre begannen auch Menschen aus dem Westen, wichtige spirituelle Aufgaben in ihren jeweiligen buddhistischen Gruppierungen zu übernehmen. Einige Schlüsselfiguren der aus Asien stammenden Lehrer sind mittlerweile gestorben, und Menschen aus dem Westen traten ihre Nachfolge an. Andere Lehrer bereiten gerade die Übergabe ihrer spirituellen Verantwortlichkeiten vor.

Heute wirken viele Hundert aus dem Westen stammende buddhistische Lehrer in Tausenden buddhistischen Zentren in Europa, den Vereinigten Staaten, Australien, Neuseeland und Südafrika. Zwischen vielen dieser Lehrer gibt es mittlerweile persönliche Freundschaftsbande. Und der Dialog beispielsweise zwischen einem englischen *bhikkhu* aus der thailändischen Theravāda-Tradition und einer amerikanischen Lehrerin des Soto-Zen hilft, das westliche Verständnis dessen, was die buddhistische Überlieferung als Ganze ausmacht, auszuweiten.

Die Menschen im Westen treten heute das Erbe der gesamten buddhistischen Tradition an, und brauchen sich nicht mehr ausschließlich mit einer der vielen buddhistischen Formen Asiens zu identifizieren. Erfahrene Praktizierende können heute die Vorzüge der verschiedenen buddhistischen Schulen besser einschätzen und, indem sie die Überlieferungen auf einfühlsame Weise untersuchen, allmählich das Wesentliche vom Unwesentlichen trennen. So können sie die zentralen, auf Befreiung zielenden Lehren des Buddha vom Ballast späterer kultureller Verkrustungen säubern.

Somit sind wir mit unserem kurzen Überblick über die Geschichte des Buddhismus im Westen in der Gegenwart angekommen. Doch was ist mit der Zukunft? Wie wird ein wirklich *westlicher* Buddhismus aussehen? Natürlich kann man dies heute noch nicht sagen, doch ein Anfang ist gemacht. Ich schließe daher meine Darstellungen mit der Betrachtung einer buddhistischen Gruppierung, deren primäres Ziel es ist, den Buddhismus in die westliche Kultur zu integrieren – oder besser: die westliche Kultur in den Buddhismus. Dabei handelt es sich um die Freunde des Westlichen Buddhistischen Ordens, die im Jahre 1967 von dem englischen Buddhisten Sangharakshita gegründet wurden.

Sangharakshita wurde 1925 als Kind einer einfachen Arbeiter-
familie in London geboren. Während seiner Kindheit war er
sehr krank und konnte nicht zur Schule gehen. Also kümmerte
er sich selbst um seine Ausbildung. Er arbeitete sich durch die
klassischen Werke der englischen, dann der lateinischen und
der griechischen Literatur, bis er schließlich bei den Klassikern
der orientalischen Religionen angelangt war. Nachdem er mit
16 Jahren das *Diamant-Sūtra* und Hui-Nengs *Sūtra des sechs-
ten Patriarchen* (auch als *Plattform-Sūtra* bekannt) gelesen
hatte, hatte er plötzlich eine tiefe mystische Erfahrung und erkannte, dass er Buddhist war.

1943 wurde er in die Armee eingezogen, und der Krieg
führte ihn nach Sri Lanka und Indien. Als die Gefechtshand-
lungen eingestellt wurden, verließ er einfach die Armee. Er
scherte seinen Kopf, zog das ockerfarbene Gewand eines heimatlosen Asketen an, d. h. er „ging fort" in die Hauslosigkeit.
Von Almosen lebend wanderte er auf der Suche nach spiritueller Nahrung durch Indien – eine Suche, die schließlich dazu
führte, dass er sich im Jahre 1950 als Theravāda-*bhikkhu* ordi-
nieren ließ.

Sein damaliger Lehrer und Meister des *Ti-Piṭaka*, der Ehr-
würdige Jagdish Kashyap (sprich: Dschágdisch Káschjap),
schlug vor, dass er sich in Kalimpong, einer idyllischen Stadt am
Fuß des Himalaja nahe der indisch-tibetischen Grenze nieder-
lassen und „zum Wohl des Buddhismus wirken" sollte. So tat
er und lebte dort viele Jahre. Der Ort war sehr gut gewählt,
denn als die ersten Lamas aus Tibet ins indische Exil flohen,
kamen sie durch Kalimpong und er erhielt von ihnen zahlreiche Unterweisungen und Initiationen.

Im Jahre 1964 wurde Sangharakshita nach England einge-
laden, um dort zu helfen, den Dharma zu etablieren. Doch die
vornehmen Mitglieder des englischen buddhistischen Establish-
ments waren für jemanden mit einer so radikalen Einstellung,
wie er sie hatte, noch nicht offen genug. Was sie damals suchten
war eher, „das buddhistische Gegenstück zum Vikar von

Hampstead", wie es ein scharfsichtiger Beobachter formulierte. So trennten sich ihre Wege bald wieder. Sangharakshita wurde deutlich, dass es einen neuen Ansatz erforderte, wenn der Buddhismus im Westen wirklich gedeihen sollte. So gründete er im Jahre 1967 in einem winzigen Meditationsraum im Kellergeschoss unter einem Geschäft mit orientalischen Antiquitäten in London die FWBO. Seitdem sind die FWBO zu einer internationalen buddhistischen Bewegung herangewachsen mit weltweiten Aktivitäten in etwa 130 Städten.

In vieler Hinsicht sind die FWBO nicht anders als die zahlreichen anderen buddhistischen Gruppen, die es heute im Westen gibt. Sie bieten Meditations- und Buddhismusunterricht an, feiern die üblichen buddhistischen Festtage und schöpfen aus dem umfangreichen Kanon der buddhistischen Literatur. Doch weisen die FWBO einige Kennzeichen auf, die für die Betrachtung der Frage, wie eine wahrhaft westliche Form des Buddhismus aussehen könnte, durchaus interessant sind. Sie setzen sich bewusst mit Themen auseinander, die für die gegenwärtige Situation im Westen charakteristisch sind: in welchem Verhältnis Buddhismus und westliche Kultur stehen, auf welche Weise die gegenwärtigen ökonomischen und politischen Gegebenheiten im Westen unsere Dharma-Praxis beeinflussen, inwiefern sich unsere christliche (oder sogar postchristliche) Erziehung auf unsere ethische Einstellung auswirkt, wie man seine Verantwortung als alleinerziehender Elternteil mit dem Wunsch vereinbart, den Dharma zu praktizieren. Dies sind nur einige der komplexen Fragen, die sich aus dem Wechselspiel von Buddhismus und den besonderen gesellschaftlichen und psychologischen Gegebenheiten unserer westlichen Lebensweise ergeben.

Während die Geschichte des Buddhismus in Asien im Wesentlichen eine Geschichte des buddhistischen Mönchstums war, scheint sich der Buddhismus im Westen in eine andere Richtung zu bewegen. Hier beschäftigen sich die meisten Organisationen mit der Entwicklung von Formen eines „Laien-

Buddhismus", um die Anforderungen der buddhistischen Praxis mit denen eines modernen westlichen Lebensstils einigermaßen in Einklang zu bringen.

Die FWBO versuchen hier noch einen Schritt weiter zu gehen. Sie behaupten, die Frage des Lebensstils sollte den Anforderungen der spirituellen Praxis untergeordnet werden. Es ist wohl einsichtig, dass ein sogenannter Haushälter, der ernsthaft den Dharma übt, spirituell gesehen höher anzusiedeln ist als ein Mönch, der dem Dharma gegenüber etwas abgestumpft ist. Doch sieht man in den FWBO auch, dass die Lebensweise die Möglichkeiten der eigenen spirituellen Praxis zweifellos beeinflusst. Es ist keineswegs leicht, einer regelmäßigen Arbeit nachzugehen, seinen elterlichen Pflichten nachzukommen, regelmäßig zu meditieren, jede Woche an einer buddhistischen Veranstaltung teilzunehmen und pro Jahr sechs Wochen Zeit zu finden, um in Klausur zu gehen. Aus diesen Gründen haben die FWBO einige Einrichtungen geschaffen, deren Hauptzweck darin liegt, eine buddhistische Lebensführung im Rahmen des modernen westlichen Lebensstils zu ermöglichen.

Den Kern der FWBO bildet der Westliche Buddhistische Orden selbst. Dies ist ein neuer Sangha – eine spirituelle Gemeinschaft von Männern und Frauen, die sich wirklich darauf eingelassen haben, ihr Leben an den Drei Juwelen auszurichten. Der Orden kennt weder Laien noch Mönche. Manche Ordensangehörige wählen für sich das Zölibat, andere nicht. Manche leben mit ihrer Familie und sind berufstätig, andere leben in nach Geschlechtern getrennten spirituellen Wohngemeinschaften, arbeiten in FWBO-Unternehmen des Rechten Lebenserwerbs oder lehren in FWBO-Zentren Meditation und Buddhismus. Sie alle verbindet jedoch ihr fester Entschluss, in Einklang mit den von den Drei Juwelen verkörperten Werten zu leben.

Um den Ordenskern herum gibt es einen weit größeren Kreis von „Freunden", die – vom Anfänger bis zu denjenigen, die sich auf Ordination vorbereiten – in unterschiedlichem Grad in die FWBO eingebunden sind. Als „Freund" oder „Freundin" nimmt man pro Jahr vielleicht nur an einigen Veranstaltungen der FWBO teil oder aber man lebt und arbeitet mit Ordensangehörigen zusammen, macht Vollzeit bei einem FWBO-Projekt mit, um eine neue buddhistische Kultur für den Westen – oder vielleicht sogar eine neue Gesellschaft – zu erschaffen.

Weil die FWBO wirtschaftlich nicht von der Unterstützung durch Menschen abhängig sein wollen, die keine spirituelle Zielsetzung verfolgen, haben sie einige Unternehmen Rechten Lebenserwerbs gegründet. Sowohl die Führung dieser Unternehmen als auch die Zusammenarbeit orientiert sich an buddhistischen Grundsätzen. Die erzielten Überschüsse helfen die Arbeit der FWBO zu finanzieren. Alle, die in solchen Unternehmen arbeiten, führen ein einfaches Leben, wohnen oft zusammen und leben nach dem Grundsatz „gib, was du kannst, und nimm, was du brauchst". Ihre Entlohnung richtet sich also nach ihren tatsächlichen Bedürfnissen und nicht nach dem Grad ihrer Verantwortung.

Die FWBO gehen davon aus, dass man keine größeren spirituellen Fortschritte erzielen kann, wenn man sich von den eigenen kulturellen Wurzeln abschneidet und die Kultur Asiens übernimmt. Vielmehr können westliche Buddhisten, wenn sie in ihrer eigenen Kultur verwurzelt sind, selbst aktiv zur Schaffung dieser Kultur beitragen. Daher ermutigen die FWBO dazu, sich mit westlichen Kunstformen zu beschäftigen und herauszufinden, was darin sich mit dem Dharma in Einklang bringen lässt. In England gibt es mehrere buddhistische Zentren der Künste, die an FWBO-Zentren angeschlossen sind. Dort entstehen Theaterstücke, Oratorien, Gemälde, Skulpturen und andere Kunstwerke. Diese Zentren veranstalten auch Workshops, um verschiedene Aspekte der westlichen Kultur zu erforschen.

Rund um das London Buddhist Center, das größte Zentrum der FWBO in England, ist eine Art von „buddhistischem

Dorf" mitten in der Stadt entstanden. Es gibt dort etwa ein Dutzend FWBO-Wohngemeinschaften, mehrere Unternehmen Rechten Lebenserwerbs, ein alternatives Gesundheitszentrum, eine buddhistische Bibliothek und das buddhistische Zentrum selbst, das etwa 40 verschiedene Veranstaltungen pro Woche anbietet. Das ganze „Dorf" ist von einer Atmosphäre spiritueller Freundschaft geprägt. Vielleicht ist spirituelle Freundschaft das Wichtigste, was Menschen brauchen, um in unserer modernen, emotional entfremdeten Welt innerlich wachsen und sich entwickeln zu können.

Doch die FWBO sehen ihre Rolle nicht nur darin, ein paar Menschen, die sich für Buddhismus interessieren, eine freundliche und unterstützende Umgebung zu bieten. Vielmehr ist es für sie offenkundig, dass sich unsere Welt in einem ziemlich traurigen Zustand befindet. Und die Aufgabe, die sich die FWBO gestellt haben, ist in der Tat die Aufgabe aller modernen Buddhisten. Denn der Buddha hat den Dharma nicht gelehrt, damit einige wenige Menschen sich angenehmer Geistesverfassungen erfreuen können. Er hat seine Lehre zum Wohl einer Welt formuliert, die beständig von den Flammen Gier, Hass und spiritueller Unwissenheit verzehrt wird.

Die Welt, in der wir leben, ist geprägt von einer sehr ungerechten Verteilung der materiellen Güter, von ökologischer Verwüstung, politischer und psychologischer Unterdrückung, persönlicher Isolation und emotionaler Entfremdung. Und die Ursache all dieser niederschmetternden Verschwendung unseres menschlichen Potentials ist keine andere als unsere spirituelle Unwissenheit. Wir sind in trügerischen Phantasien gefangen, werden von den Mächten Gier, Hass und Verblendung getrieben, und verhalten uns immer wieder in einer Weise, die für uns selbst und auch für andere Leiden schafft. Wir tun dies, weil wir spirituell zutiefst unwissend sind, und wir werden fortfahren, uns so zu verhalten, bis die spirituelle Wahrheit, der Dharma, jede Ebene unseres Lebens durchdringt.

Spirituelle Grundsätze bleiben nicht ohne gesellschaftliche Folgen. Westliche Buddhisten sollten daher danach streben, den Dharma so bekannt wie möglich zu machen und Lebensformen für die heutige Gesellschaft zu finden, die die eigene Dharma-Übung unterstützen. Aus letzterem folgt ganz natürlich, dass das beinhaltet, an einer wirklichen Verbesserung unserer Welt zu arbeiten. Die Aufgabe drängt. Denn solange die westliche Zivilisation, die zur dominierenden Gesellschaftsform unserer Zeit geworden ist, nicht beginnt, sich an Werten zu orientieren, die über das immense Verlangen nach sofortiger Befriedigung hinausreichen, solange wird es kaum zu vermeiden sein, dass sich die Lage auf unserem leidenden, überbevölkerten, ressourcenarmen Planeten immer schneller weiter verschlechtern wird.

Die Menschen im Westen haben heute Zugang zu enormem Wohlstand. Insgesamt verfügen sie über technologische und materielle Ressourcen, von denen ihre Vorfahren nicht einmal geträumt hätten. Sie besitzen ein mehrere Jahrtausend altes kulturelles Erbe, in dem die Werte des Guten, des Wahren und des Schönen eine herausragende Stellung einnehmen. Doch *was* liegt vor uns? Wenn es uns gelingt, den Buddhismus mit all dem zu verbinden oder gar zu verschmelzen, was zum Besten unserer westlichen Kultur gehört, könnte uns eine wahrhaft vielversprechende Zukunft bevorstehen.

ANMERKUNGEN

1   *Majjhima-Nikāya 36, Saccaka – Großes Sutta.* In: *Buddhas Reden, Majjhimanikaya, Die Lehrreden der mittleren Sammlung,* Kristkeitz Verlag, Leimen 1989, S. 122.

2   Aus dem 11. Gesang des *Buddhacarita* – den „Taten des Buddha" – des indischen Dichters Aśvaghoṣa (sprich: Aschvagoscha) aus dem 1. Jahrhundert. Zitiert nach Edward Conze: *Buddhist Scriptures,* Penguin 1959.
    Es gibt nur eine sehr alte deutsche Übersetzung des *Buddhacarita* (*Buddhas Leben und Wirken,* Üb. von Th. Schhultze, Leipzig, S. 140f.), die von der englischen etwas abweicht, weshalb wir die englische Vorlage übertrugen. Ähnlich lebendige (noch lieferbare) Darstellungen sind zu finden in: Ernst Waldschmidt, *Die Legende vom Leben des Buddha,* dharma edition, Hamburg 1991 (Nachdruck von 1929), S. 150-164 und Edwin Arnold, *Die Leuchte Asiens,* F. Hirthammer Verlag, München 1995, S.135-141.

3   ebd.

4   *Aṅguttara-Nikāya,* I, 188, in: *Die Lehrreden des Buddha aus der Angereihten Sammlung,* in 5 Bde, Aurum Verlag, Freiburg i. Br. ⁴1984, Bd. I, S. 168 (Dreier-Buch, 66).

5   Ausführlich beschrieben in: Sangharakshita, *Sehen, wie die Dinge sind,* do evolution, Essen 1995.

6   Nach der Übersetzung von John Stevens, in: *One Robe, One Bowl. The Zen Poetry of Ryokan* (Weatherhill, 1984).

7   *Dhammapada,* Abschnitt über die Achtsamkeit, Verse 21–25, nach einer unveröffentlichten Übersetzung von Sangharakshita.

8   Nach einer Übersetzung von Philip Kapleau. In: *The FWBO Puja Book, A Book of Buddhist Devotional Texts,* Windhorse Publications, Glasgow 1984. Auf deutsch anzufordern bei: Buddhistisches Zentrum Essen, Herkulesstraße 13a, 45127 Essen.

9   *Dhammapada,* Verse 184-6, zitiert nach: Sangharakshita, *Die Drei Kleinode,* Dclp'sche Verlagsbuchhandlung, München 1971, S. 221f.

10 *Aṅguttara-Nikāya* IV, 1, vii. In der deutschen Übersetzung wird in diesem Abschnitt von den „Zierden der Jüngerschaft" gesprochen, weshalb wir die englische Vorlage benutzten. Dt. in: *Die Lehrreden des Buddha aus der Angereihten Sammlung,* in 5 Bde, Aurum Verlag, Freiburg i. Br. ⁴1984, Bd. IV, S. 15 (Vierer-Buch, 7).

11 Nach *Saṃyutta-Nikāya*, V, 2, Das 45. *Magga-Saṃyutta*. In: *Die Reden des Buddha*, Gruppierte Sammlung, Beyerlein-Steinschulte, Herrnschrot 1997, S. 223f.

12 Nach *Majjhima-Nikāya* 128. In: *Die Reden des Buddha, Mittlere Sammlung*, Beyerlein-Steinschulte, Herrnschrot 1995, S. 949f.

13 Siehe: Martin Willson, *Rebirth and the Western Buddhist*, Wisdom Publications 1984 und Sangharakshita, *Die sieben Arten von Karma und die fünf Niyamas*, in: Alfred Weil (Hg.), *Karma*, Theseus, Berlin 1996, S. 91-116.

14 *Dhammapada*, Verse 129-130, unveröffentlichte Übersetzung von Sangharakshita.

15 Im gleichen Verlag erschienen zwei CDs, die die beiden später beschriebenen Meditationsmethoden der *Vergegenwärtigung des Atems* und der *mettā-bhāvanā* ausführlich anleiten. Das ersetzt zwar immer noch nicht den leibhaftigen Lehrer, doch ist das unter manchen Umständen nicht anders möglich. *Wach, entspannt und geisteklar* lautet der Titel zur Atemmeditation und *Die Befreiung des Herzens* der zur *mettā-bhāvanā*.

16 Eine wesentlich umfassendere Behandlung des Themas finden Sie in: Anthony Matthews, *Meditation, Der buddhistische Weg zu Glück und Erkenntnis*, do evolution, Essen 1997.

17 Philip Kapleau (Hg.): *Die drei Pfeiler des Zen. Lehre – Übung – Erleuchtung*. O.W. Barth Verlag, Bern und München [6]1984.

18 Yampolski, Philip B.: *Selected Writings of Nichiren*, New York 1990.

19 Nach Bishop, Peter: *Dreams of Power, Tibetan Buddhism and the Western Imagination*, The Athlone Press 1993.

20 Batchelor, Stephen: *The Awakening of the West. The Encounter of Buddhism and Western Culture*. Thorsons, London 1995, S. xi.

21 ebd., S. xii.

BEGRIFFSERLÄUTERUNGEN

Hier haben wir vor allem diejenigen Begriffe zusammengestellt, die nicht als einzelner Abschnitt im Text auftauchen oder deren Erklärung dort nicht so leicht zu finden ist. Ebenso führen wir die unterschiedlichen Schreibweisen der wichtigsten Namen an.
(Skt. = Sanskrit, P. = Pali)

Ánanda (sprich: Áananda)   auch Ānanda

Ārya-Sangha (*ārya-saṃgha*)   Gemeinschaft der Edlen (*ārya*), d.h. all jener, die unumkehrbar Einsicht in die wahre Natur der Dinge erlangt haben und deshalb mit Sicherheit Erleuchtung erreichen werden.

Avalókitéschvara   auch Avalokiteśvara, Avalokiteshvara, Chenresi (tib.), Kuan Yin (chin.) oder Kannon bzw. Kanzeon (jap.). Bodhisattva des Mitgefühls.

bhíkkhu/nī (P.)   buddhistische/r Mönch/Nonne

bhikṣu/nī (Skt., sprich: bíkschu/nii)   buddhistische/r Mönch/Nonne

Bodhisattva   Wörtlich „Erleuchtungswesen". Ein Wesen, das sich verpflichtet hat, ein Buddha zu werden, um allen anderen Wesen auf bestmögliche Weise helfen zu können, durch Erlangen von Erleuchtung das Leiden zu überwinden.

Buddha   Ein Titel, der besagt, dass diese Person „erwacht" ist. Ein Buddha ist jemand, der Erleuchtung (Erwachen) erlangt, d.h. Weisheit und Mitgefühl zu höchster Vollkommenheit entwickelt hat. Insbesondere wird dieser Titel auf Siddhārtha Gautama angewandt, der auch unter dem Namen Schákjamúni bekannt und der Begründer des Buddhismus ist.

Ch'an   (sprich: tschan) chin. für Zen

dharma   Wörtlich „das Tragende", „das Gesetz". Ein Wort mit zahlreichen Bedeutungen. Zum einen steht es als universelles Gesetz für die „Wahrheit" oder „höchste Wirklichkeit", aber auch für alle Lehren und Methoden, die dem Erreichen der Erleuchtung dienen und die es insofern ermöglichen, die „Dinge", Daseinsfaktoren oder Erscheinungen (3. Bedeutung von *dharma*) so zu sehen, wie sie *wirklich* sind. Insbesondere werden die Lehren des Buddha als Dharma bezeichnet.

Edle   siehe Ārya-Sangha

förderlich/schädlich   Sittlich-moralische Richtlinien für alles Verhalten, ob mit Körper, Rede oder Geist. Als schädlich (Skt. *akuśala*, P. *akusala*) bezeichnet man das Verhalten, das in Hass oder Abneigung, selbstsüchtigem Verlangen, geistiger Unklarheit oder spiritueller Unwissenheit wurzelt. Förderliches (Skt. *kuśala*, P. *kusala*) Verhalten hingegen ist frei von Begehren, Hass und spiritueller Unwissenheit. Positiv ausgedrückt ist es von Großzügigkeit, Liebe, Mitgefühl und rechtem Verstehen motiviert. Als wörtliche Übersetzungen für *kusala* werden gut, heil, richtig, verdienstvoll, klug und gesund angegeben. Manche Übersetzer benutzen dafür auch die Worte heilsam oder geschickt.

Haushälter   manchmal auch Hausherr ist die traditionelle Bezeichnung für Menschen, die ein häusliches, d.h. Familienleben führen, im Gegensatz zu den Mönchen und Nonnen, die traditionell gesprochen in die Hauslosigkeit gezogen sind, alle weltlichen Verpflichtungen hinter sich lassen, um sich völlig ihrem spirituellen Streben zu widmen.

Hīnayāna   Wörtlich „kleines Fahrzeug". Sammelbezeichnung für die buddhistischen Schulen, die nicht das Bodhisattva-Ideal lehren. Der Begriff ist unter Mahāyāna-Buddhisten gebräuchlich und wird von den Anhängern der Theravāda- Schule als herabsetzend empfunden.

Juwelen, Drei   Das sind Buddha, Dharma und Sangha, die drei höchsten Werte des Buddhismus.

Mahāyāna   Wörtlich „großes Fahrzeug". Sammelbezeichnung für alle buddhistischen Schulen, die das Bodhisattva-Ideal des uneigennützigen Strebens nach Erleuchtung lehren, was es den betreffenden Übenden ermöglichen soll, anderen Wesen auf die bestmögliche Weise zu helfen, das Leiden zu überwinden.

Mittlerer Weg   Bezeichnung des historischen Buddha für den spirituellen Weg, den er wiederentdeckt hat. Er besteht in der Ablehnung aller Extrempositionen, insbesondere der Existenz oder Nicht-Existenz aller Dinge, zugunsten einer höheren Synthese in Form der Lehre vom bedingten Entstehen. Diese besagt, dass nichts aus sich heraus eine Eigenexistenz habe, sondern alles in Abhängigkeit von Bedingungen entsteht und vergeht. Daraus ergibt sich die Ablehnung von extremen Ansichten wie Nihilismus (Vernichtungsglaube) und Eternalismus (Ewigkeitsglaube) und extremen Verhaltens wie die Hingabe an Sinnenfreuden einerseits und Selbstkasteiung und Askese andererseits.

Nirvāṇa (Skt., P. *nibbāna*) Der Zustand der Erleuchtung, des Endes allen Leidens, der sich durch das Verloschensein der Wurzeln allen Übels (Gier, Hass und Verblendung) kennzeichnen lässt.

Reines-Land-Schule (chin. Ching-t'u-tsung, jap. Jōdo-Shin) Schule des japanischen und chinesischen Buddhismus. Ziel ihrer Anhänger ist es, im „Reinen Land" des Buddha Amitābha wieder geboren zu werden. Deshalb besteht die Praxis dieser Schule vor allem im Rezitieren von Amitābhas Mantra und im Visualisieren seines Reinen Landes.

Rimpotsché auch Rinpoche oder Rimpoche

Roschi auch Roshi

sámatha (P., Skt. *śámatha*) Wörtlich „Beruhigung, Gemütsruhe". *Samatha*-Meditation zielt auf eine tiefe psychische Integration und die Entwicklung positiver Geistesverfassungen, wodurch man alle physischen und besonders auch die geistigen Ablenkungen überwindet und schließlich ein tiefes, umfassendes Gefühl der Ruhe und Klarheit erlebt.

samsāra (sprich: ssangssáara) Der Daseinskreislauf von Geburt und Tod, der durch Leiden und Enttäuschung gekennzeichnet ist und dem nur durch Erleuchtung ein Ende gemacht werden kann.

Sangha (P. *saṅgha*, Skt. *saṃgha*) Im weitesten Sinn die Gemeinschaft all derer, die sich auf dem Pfad zur Buddhaschaft befinden. Als eine der Zufluchten bezieht sich Sangha allein auf Edle (*ārya-saṃgha*). Im engeren Sinn kann sich der Begriff auch bloß auf all jene beziehen, die zu buddhistischen Mönchen oder Nonnen ordiniert worden sind.

schädlich siehe förderlich/schädlich

Schákjamúni (Skt., Śākyamuni u. auch Shakyamuni) Wörtlich „der Weise aus dem Schakja-Geschlecht"; eine Bezeichnung für Gautama Siddhārtha, den Begründer des Buddhismus.

Schakjer (auch *śākyas* o. shakyas) Ehemals als kleines republikanisches Gemeinwesen organisierter Stamm im heutigen Süd-Nepal, wo der historische Buddha vor etwa 2.500 Jahren geboren wurde.

Siddhártha Siddhārtha Gautama (Skt., P. Siddhattha Gotama)

sthaviravāda Wörtlich „Schule der Älteren" (d. h. der älteren Mönche), die etwa 140 Jahre nach dem Tod des Buddha entstand und nach deren Meinung der Buddhismus hauptsächlich oder gar ausschließlich eine Religion für Mönche war. Eine Reihe von auf die *sthaviravādins* zurückgehenden Schulen, wurden von ihren Gegnern im Nachhinein zusammenfassend als Hīnayāna oder „Kleiner Weg" bezeichnet.

Stromeingetretene   siehe Ārya-Sangha

Sūtra (Skt., sprich: ssúutra, P. *sutta*)   Wörtlich „Leitfaden". Bezeichnung für die Lehrreden des Buddha.

Ti-Píṭaka *(P., Skt. Tri-Píṭaka)*   Wörtlich „drei Körbe". Bezeichnung für die kanonischen Schriften des *Sutta-Píṭaka* (Skt. *Sūtra-*), des *Abhidhamma-Píṭaka* (Skt. *Abhidharma-*) und des *Vinaya-Píṭaka*.

Vipássanā (P., Skt. *vipaśyanā*, sprich: vipáschjanaa)   Wörtlich „Einsicht, Hell- oder Klarblick". Mit *vipassanā* werden alle Meditations- oder Reflexionsmethoden bezeichnet, die zur Entwicklung von Einsicht in die wahre Natur der Dinge dienen. Um *vipassanā* zu üben, braucht man eine stabile Grundlage von *samatha*, d.h. eine kraftvolle emotionale Positivität und einen hohen Grad psychischer Integration.

Theravāda   Wörtlich „Schule der Älteren". Die Form des Buddhismus, die in Thailand, Burma und Sri Lanka vorherrscht.

Vajrayāna (sprich: wadschrajaana)   Wörtlich „Weg des *vajra* oder des Diamant-Donnerkeils", häufig auch „Diamant-Fahrzeug". Eine andere Bezeichnung für das buddhistische Tantra Indiens und der Himalaja-Region.

Zen (jap., sprich: senn)   Eine Schule des Mahāyāna-Buddhismus, die sich hauptsächlich in Japan, China (Ch'an) und Korea (Son) entwickelt hat. Das Wort Zen ist aus dem Sanskrit-Wort *dhyāna* für „Meditation" entstanden, und tatsächlich spielt das Üben der Sitz-Meditation im Zen eine wichtige Rolle. Zen verlässt sich bei seiner Dharma-Vermittlung nicht auf Worte und logische Vorstellungen, sondern bevorzugt oft den Einsatz von Taten oder Paradoxen.

Zufluchtnahme   Der Akt, durch den sich Menschen dazu verpflichten, Erleuchtung zu erlangen. Gleichzeitig auch die Bezeichnung für die Zeremonie des formellen Bekenntnisses zum Buddhismus.

ADRESSEN

Freunde des Westlichen Buddhistischen Ordens (FWBO) wurde 2010
umbenannt und heißt heute Buddhistische Gemeinschaft Triratna.

Arnsberg-Sundern

Triratna-Gruppe Arnsberg-Sundern
Treffpunkt: Im Haus Graß
Promenade 7
59821 Arnsberg
Tel.: 02934 316 (Bodhimitra)
E-Mail: arnsberg-sundern@triratna-buddhismus.de
www.triratna-arnsberg-sundern.de

Berlin

Buddhistisches Tor Berlin
Grimmstr 11c
10967 Berlin-Kreuzberg
Tel.: 030 28598139
E-Mail: info@buddhistisches-tor-berlin.de
www.buddhistisches-tor-berlin.de

Düsseldorf

Buddhistische Gemeinschaft Triratna
Heerstraße 19
40227 Düsseldorf
E-Mail: info@duesseldorf-buddhismus.de
http://www.duesseldorf-buddhismus.de/

Essen

Buddhistisches Zentrum Essen
Herkulesstraße 13a
45127 Essen
Tel.: 0201 230155
E-Mail: info@buddhistisches-zentrum-essen.de
www.buddhistisches-zentrum-essen.de

Freiburg

Triratna-Gruppe Freiburg
Klarastraße 94
79106 Freiburg im Breisgau
Tel.: 07 61 4 88 04 12
E-Mail: info@freiburg-buddhismus.de
www.freiburg-buddhismus.de

Hamburg

Buddhistischer Treffpunkt Bergedorf
im „Ort der Stille"
Weidenbaumsweg 7
21029 Hamburg-Bergedorf
Tel.: 041 58 8 90 67 77
E-Mail: info@triratna-hamburg.de
www.triratna-hamburg.de

Minden

Buddhistisches Zentrum Minden
Obermarktstraße 23
32423 Minden
Tel.: 05 71 8 74 76 o. 9 42 47 67
E-Mail: info@buddhismus-minden.de
www.buddhismus-minden.de

Osnabrück

Buddhistische Praxisgemeinschaft Triratna Osnabrück
Meditation im Turm
Vitihof 15a, Raum VS301
49074 Osnabrück
E-Mail: info@meditation-im-turm.de
www.meditation-im-turm.de

Wiesbaden

Triratna-Gruppe Wiesbaden
Schiersteiner Straße 21
65987 Wiesbaden
Tel: 06 11 52 71 92
E-Mail: upekshalila@wiesbaden-buddhismus.de
www.wiesbaden-buddhismus.de